UIC与博雅教育

汤 涛 著

SPM 南方传媒 | 广东人民出版社

·广 州·

图书在版编目（CIP）数据

UIC与博雅教育 / 汤涛著. —广州：广东人民出版社，2023.2
ISBN 978-7-218-16457-1

Ⅰ. ①U… Ⅱ. ①汤… Ⅲ. ①高等教育—研究 Ⅳ. ①G640

中国国家版本馆CIP数据核字（2023）第020597号

UIC YU BOYA JIAOYU
UIC 与博雅教育

汤 涛 著

出 版 人：肖风华

责任编辑：赵文生 欧阳杰康
责任技编：吴彦斌 周星奎
封面题字：刘建亚
装帧设计：李 利

出版发行：广东人民出版社
地 址：广州市越秀区大沙头四马路10号（邮政编码：510199）
电 话：（020）85716809（总编室）
传 真：（020）83289585
网 址：http://www.gdpph.com
印 刷：广东鹏腾宇文化创新有限公司
开 本：787毫米 ×1092毫米 1/16
印 张：17.5 字 数：300千
版 次：2023年2月第1版
印 次：2023年2月第1次印刷
定 价：78.00元

作者介绍

汤涛，1963年出生于安徽，计算数学家，中国科学院院士、欧洲科学院院士、教育部长江学者讲座教授，曾任香港浸会大学研究生院院长、理学院院长，南方科技大学科研副校长兼研究生院院长、学术副校长兼教务长，于2019年担任北京师范大学－香港浸会大学联合国际学院校长。

除发表百余篇学术论文外，汤涛还勤于写作。2019年，他和鲁迅文学奖得主、作家宁肯合著的《冯康传》，作为中国科学院、中国作协、中国科协“创新报国70年”大型报告文学丛书之一出版，展现了中国计算数学开创人冯康的曲折人生。2010年，他与山东大学刘建亚教授创办了《数学文化》季刊，现已成为深受数学爱好者欢迎的数学科普刊物。

鉴于其学术贡献和影响，汤涛曾荣获冯康科学计算奖、教育部自然科学奖一等奖、国家自然科学奖二等奖。2018年受邀在国际数学家大会作45分钟邀请报告，这是每个数学家研究生涯中最重要的学术成就荣誉之一。

序言 PREFACE

一所大学应运而生，从创立发展、日臻成熟到走向辉煌，需经几代人接力奋斗、守正创新、薪火相传。记录一所大学的成长和发展，既是对过去的回顾总结，也是留给后人的精神财富。大学之魂，从何而来，去向何方？前世、今生、未来于此一脉相承。

一所大学之所以知名，不仅在于大楼大师，更在于校园文化的积淀，学脉的传承。毕业多年的校友对学校的感情，取决于这所学校带给他们一生的最重要的体验，在求学问教时铭刻的如诗记忆，既悬于学府高堂，更寄于每一位校友的心底，成为其生命中不可磨灭的印记。

北京师范大学－香港浸会大学联合国际学院，简称北师港浸大，英文名是 BNU-HKBU United International College，简称 UIC，创建于 2005 年，是由北京师范大学与香港浸会大学合办的高等学校，也是第一所由中国内地和香港高等教育界联合创办的大学，并获得教育部特批及广东省教育厅支持。UIC 是国内第一所新型博雅大学，位于中国宜居城市——粤港澳大湾区的珠海市。

UIC 的办学使命是创建和推进博雅型大学建设，培养德智体全面发展的国际化人才，办学特色是优质学术、英文教学、家国情怀、国际视野，本科教育、研究生教育协同发展。

UIC马上就要18岁了，步入成年了，是记录下她的成长史的时候了！

由于是第一所由内地和香港联合创办的大学，学校的发展有很多独特之处。从办学模式到管理模式，都需要摸着石头过河。UIC办学至今，可以说是白手起家、自力更生。这在具有独立法人资格的中外合办或内地与香港合办的大学里是绝无仅有的。

经过18年的奋斗，UIC扎根大湾区，扎根珠海，不断坚持，不断发展，筚路蓝缕，一路前行，这里面有很多故事、很多教训、很多经验。作为校长，亲自执笔写UIC在我眼中的成长史，是我的荣幸。希望这本书可以起到抛砖引玉的作用，也希望通过此书让我们的师生、校友、家长和朋友们对UIC有更全面客观的认识。

汤　涛

2022年8月1日

目录

附录

第一部

萌芽

第一章

携手

2003 年是难以忘却的一年。记得那年 2 月份，我在北美访问讲学两周。离开香港的时候，风平浪静，一切如常。但从多伦多机场返程的时候，气氛非常紧张。排队上飞机的，大约只有三十几个人，大概都是像我这样不得不去香港的。每个人坐两排座位，全程几乎鸦雀无声。

回到香港后，发现学校停课了。打开电视，连按 5 个频道都是与“非典”有关的内容。新闻里正在播放香港的 SARS 重灾区，位于九龙湾牛头角的居民住宅群淘大花园被香港卫生署封闭的画面，所有人眼神中都透着一种恐惧。

香港原有的喧闹一下子就消失了。马路上车辆稀少，行人稀疏，更难以看到来自各国的游客。走在街上的行人也都有意避免交谈，饭馆里、商店里冷冷清清，后来商场里的饭馆基本都关闭了。

经过 3 个月的惊心动魄，“非典”似乎慢慢消失，部分航班也恢复飞行了，但人们还是心有余悸。5 月的一天，我和时任香港浸会大学校长的吴清辉教授飞赴北京，在飞机上人们都戴着口罩，机舱里异常肃静。我和吴校长这些从疫情重灾区出行的旅客，心里更加没有底气。此行的目的是去拜见时任全国人大常委会副委员长的许嘉璐先生，以及北京师范大学的校领导，听取他们关于香港浸大与北师大在内地合作办学的意见和建议。

说起与香港浸会大学的缘分，始于1998年秋我加入香港浸大，2002年起我担任浸大研究生院院长，也是研究生院的首任院长。香港浸会大学源自成立于1956年的香港浸会书院。一百多年前，香港仅有一个医学院，孙中山先生就曾在这里求学，这个学院最后升格为香港大学。1949年后，由于高等教育的需求，香港于10年内陆续成立了四所书院，分别是崇基书院、新亚书院、联合书院、浸会书院。1963年，前三所书院合并成立香港中文大学，脱离了私立大学的性质。但浸会书院没有加入，仍然保持私立大学的角色。浸会书院首任校长为林子丰博士。该院在创办初期只开设中文系、外国文学系、社会学系、数理学系、土木工程学系及工商管理学系的文凭课程，后来于1968年成立传理系。1972年，始改称香港浸会学院。1983年，香港浸会学院才开始接受政府全面资助，成为公立学院。1994年，随着研究领域的增加并开始培养研究生，学院升格为香港浸会大学。

说到这里就不得不提浸大另一位校长谢志伟，正是在谢校长的领导下，香港浸会学院顺利升格为香港浸会大学。1968年，谢志伟获香港浸会学院邀请从美国回港执教，1971年被选为香港浸会学院校长，此后在任30年，直至2001年荣休。我加入浸大时的任命书，也是由谢校长签署的。在他的任期内，浸大的学科规模和校园建设逐步完备。

2003年3月，国务院颁发了中国第一部关于中外合作办学的法律法规，即《中华人民共和国中外合作办学条例》(以下简称《中外合作办学条例》)，它将中外合作办学界定为外国教育机构同中国教育机构在中国境内合作举办以中国公民为主要招生对象的活动，属于公益性事业，是中国教育事业的组成部分，提出“扩大开放、规范办学、依法管理、促进发展”的十六字方针，明确了实施的范畴，并从设立、组织与管理、教育教学、资产与财务、变更与终止及法律责任等方面进行了具体的说明与规定。需要指出的是，这是第一次允许符合规模和资质的合作办学机构具有“独立法人资格”。文件还特别说明，港澳台地区的合作办学参照本条例的规定执行。

自1978年改革开放以来，我国开始了各种中外合作办学形式的探索。1984年，中国和加拿大两国政府开展的“中加大学管理教育项目(CIDA)”正式启动，该项目由中国对外经贸部授权教育部，委托中国人民大学承办，举办了两期。这应该是合作办学最早的探索。1993年，中国政府出台了关于中外合作办学的第一个文件，即《关于境外机构和个人来华合作办学问题的通知》，推动了中外合作办学新的发展。它将中外合作办学界定为：“国内办学机构同境外机构或个人在中国境内合作建立教育机构，双方共同承担办学经费，共同参与学校的教学与管理。”为了更好地发展中外合作办学，2003年中国第一部关于中外合作办学的法律法规颁布，就是上面提到的《中外合作办学条例》，中外合作办学从此进入了一个崭新的历史时期。

许嘉璐先生一直在推动和参与《中外合作办学条例》的制定。有没有一种可能，在我们自己身边建立一个前所未有的高校品种，把别人在课程设置、教育方法、管理机制方面的好东西引进来？这一直是萦绕在许先生脑海里的问题。《中外合作办学条例》的颁布，让许先生感觉到这是一个实现他办学理念的黄金时机。

许嘉璐于1959年毕业于北京师范大学并留校任教，1987年至1994年任北京师范大学副校长、全国人大常委会委员，其后担任国家语言文字工作委员会主任、第九届民进中央副主席，第十、十一届民进中央主席，全国人大常委会副委员长。许先生专长训诂学、中国古代文化，著作甚丰。

另一个对《中外合作办学条例》非常感兴趣的是时任香港浸会大学校长的

作者和许嘉璐先生合影。

作者和吴清辉校长合影。

吴清辉先生。吴清辉出生在抗日战争时期的上海，小学至高一在广州接受教育，高二时随家人迁往香港，在20世纪60年代先后求学于澳大利亚和加拿大，在加拿大英属哥伦比亚大学获得化学博士学位之后，又到美国加州大学从事博士后研究工作。1970年代，吴清辉选择回到香港大学任教。1995年，吴清辉被聘为港事顾问，后任香港特别行政区筹委会成员、临时立法会议员。香港回归后，他先后担任两届立法会议员、三届港区全国人大代表。2001年，吴清辉出任浸大校长，同时辞去立法会议员一职，专心校政。

吴校长曾说："我一直有个情结，想在内地办个大学，为国家做点贡献，所以当上浸大校长后，我就在酝酿有没有条件做此事。"

吴校长上任后，当时浸大同事都觉得应该向珠三角发展，他和多位同事从深圳到东莞、广州、佛山、中山和珠海走了一圈，考察发展的可能性。这趟行程在珠海画上了句号，当时的珠海市委领导非常热心，主动邀请浸大来珠海办学。

我和吴校长这趟北京之行的缘起是，2003年两会期间，作为全国人大代表的吴清辉见到时任全国人大常委会副委员长的许嘉璐先生，当时许先生主动问他："有没有兴趣来内地办学？"而吴校长当时也在考虑这个问题。许先生说："这样的话，我看能不能促进北师大跟你们合作，办你们的学校。"而这正是吴清辉想要的。吴校长曾和我们这些同事说："北师大很有名气，又很重视人文学科，跟浸大办学理念相近，是一个非常理想的合作办学伙伴。"

北京师范大学，简称北师大，学校的前身是1902年创立的京师大学堂师范馆，1912年改名为北京高等师范学校，1923年更名为北京师范大学，成为中国历史上第一所师范大学。北京师范大学是中国顶尖高校之一，是以基础文理学科、教育学、心理学为主要特色的中华人民共和国教育部直属重点大学。

许嘉璐2003年获香港浸会大学荣誉文学博士学位，使他成为香港浸会大学的一员。从此他为香港和内地的交流合作不遗余力。因此，借着《中外合作办学条例》颁发的强劲东风，让他的两个母校，即北师大与香港浸大联手办学，成为许先生脑海里的美好蓝图。

飞机于下午到达北京，我们来到了北京火车站前的一个酒店住下。这个高层酒店只有中间的一层允许住宿，住客也是少得可怜。可以理解，疫情之下，不是非常必要大家肯定不会选择出差。酒店的餐厅也不营业。我和吴校长在火车站至长安街的大街上找了半天，只找到了一个面馆。饥饿之下，能有一碗可口的面条，也是非常幸福了。

第二天本来要去许先生在人民大会堂的办公室见面，但因为疫情，普通访客无法进入大会堂，见面地点改到许先生担任主席的民进中央办公大楼。民进中央大楼位于三元桥附近，在北京市朝阳区霄云路。这个大楼给我的印象是质量高、简洁大方，大厅里陈列了马叙伦、周建人、叶圣陶、赵朴初、雷洁琼五位创始人的塑像，旨在勉励后人时刻不忘向前辈学习。

在秘书叶先生的引导下，我们来到了许先生宽敞明亮的办公室。许先生热情接待了我们。

许嘉璐先生在北师大从教 50 余年，其间曾经从政，但始终没有离开过讲坛。他多次出访五大洲和港澳台地区，走得越远，越深刻地感受到中国的教育必须改革。见到我们后，他开门见山地说，我国的教育事业正面临着前所未有的机遇和挑战，而其现实状况与中国的未来，与人们对它的希望和要求还有相当大的距离，作为一名关心和热爱教育事业的教师，怎能心安？跳出原有体制的框架，我们应该开始思考怎样推动中国教育的改革。

“如果中国改革开放不到一定阶段，如果教育事业发展没有遇到困惑，就不会有中外合作办学，我们要认清事物发展的客观规律。这是时代赋予的，不由人做主。”

吴清辉校长也表达了在合作办学的道路上做探路人的期望：“若能和内地知名学府共同办学，可以突破香港的地理限制，大大促进内地与香港的学术交流，也可把香港浸大的影响力伸延至内地，同时令浸大学生人数倍增，增强浸大的实力。”

“环顾两地的发展形势，人才互动是达致双赢的不二之法。我们更希望能在内地建立一个前所未有的高校品牌，把香港乃至国外的创新教育理念带进来。”

通过这次会见，两位教育家坚定了合作办学的决心。

之后大家又讨论了一些办学的细节。会见结束后，我们在民进中央大楼精致的小型茶室里小憩片刻，这里的茶很好喝，据说乔羽等文化界名人都在这里留有自己的茶叶。

唯一遗憾的是，由于疫情，我们此次没能进得了北京师范大学的校门，尽

许嘉璐（左）和吴清辉。

管大家已约好了商谈合作办学的议题。

此后的一段时间，两校关于合作办学的讨论正式开始了。合作办学要启动，第一件事就是给合办的学校起个校名。像新生儿一样，起个名字是最要紧的。

许嘉璐和吴清辉这两位办学设计师动了一番脑筋。因为2003年还没有一所具有独立法人的合作大学，很多事情是没有参照物的。10年之后，很多学校用境外大学加上括号所属地，相对比较简单明了。许、吴二位先生考虑到合作办学的两个母体学校，加上国际化的内涵，就把名字定为"北京师范大学－香港浸会大学联合国际学院"，英文就叫BNU–HKBU United International College，简称UIC。

这个中文名字考虑的因素比较多，当时也容易被大家接受。但是多年后才觉得它忽略了两个因素：

第一是名字太长，18个字，名字中包含了两个大学一个学院，很难被大家记住或理解清楚。这对学校的品牌宣传很不利，大家很难记住这么长的名字。就像一个人的名字，三五个字容易记住，十个字以上的名字被记住就非常困难。

第二是叫“学院”，这是目前为止十所同类型大学唯一称作学院的，尽管大家都是经教育部批准成立的全日制本科院校。起这个名字的时候，我参加过一两次讨论。之所以没有叫大学的原因有两个：第一，如果叫大学，那么名字里面就有三个“大学”了，比较别扭；第二，西方一些有名的大学，比如麻省理工学院、帝国理工学院，都叫学院，也没有影响它们的名气。只是没有仔细想一想，在中国老百姓心目中，大学是需要“学院”去升格成为“大学”，所以“学院”和“大学”在中国人的理解里是有重大差别的。

好在英文缩写 UIC 相对简单，稍微花点工夫还是容易被记住的。所以在很多场合，大家特别是后来的校友们，都习惯把学校称为 UIC。

第二章

定位博雅

许嘉璐曾经说："北京师范大学与香港浸会大学是我的两个母校，他们的关系就像琴弓与琴弦，是不可分割的，他们结合在一起，诞生了UIC这个新生儿。博雅教育是构成UIC特质很重要的方面，它似乎是从国外引进的教育模式，但我相信，它也符合中国儒家的教义。教育的本质就是要培养尽可能完善地为社会服务的人，而尽可能完善的人不是靠知识和技能堆积起来的，更重要的是成为一个有高尚灵魂的人。世界上很多国家都开展博雅教育，形式可能有所不同，方法可能有所差异，但大家的目标是一致的，就是为了培养能够应对今天世界和未来世界的人才，我们不能忘记要成为一个世界公民。"

自成立初始，UIC就怀揣一个梦想：在中国内地创建第一所高品质小规模的博雅大学，把博雅教育等国际先进教育理念和现代大学体制引入中国内地。借鉴国际优秀的教育经验，引进香港先进的教育管理体制，结合中国具体国情，融合优良的中华文化传统，"创新国际教育，开创中国高等教育新特区"。

博雅教育源自古希腊和欧洲中古世纪的大学，注重心智的开启与拓展、见识的广博与洞明，以及人格的养成与健全。"博雅"的拉丁文原意是"适合自由人"，在古希腊所谓的自由人指的是社会及政治上的精英。古希腊倡导博雅教育，旨在培养具有广博知识和优雅气质的人，让学生摆脱庸俗、唤醒卓异。其所成就的，不是没有灵魂的专家，而是成为一个有文化的人。博雅教育在欧洲教育历史中的七大范畴被分为“三艺”（初等级）和“四术”（高等级）两类。“三艺”包括语法、修辞学及辩证法。“四术”包括算术、几何、天文及音乐。这成了欧洲中世纪大学核心课程。虽然曾经只注重古典教育，但博雅教育在欧洲启蒙时代之后被宣传为解放思想及破除成见，随着科学及人文的地位提升，两者在近代都纳入了博雅教育的范畴。

在现代社会中，博雅教育被认为是一种基于社会中的人的通才素质教育。它不同于专业教育、专才教育。在东方，这种教育的传统可以追溯到先秦时期的六艺教育和汉朝以后通常的儒家教育；六艺教育注重综合知识和技能，而儒家教育偏重人格和人文质素。博雅教育所涉足的范畴随着社会而变迁，到了近代，人文和科学都成为博雅教育的重要组成部分，以至博雅教育又被称为文理教育。由于并非专才训练，因此法律、工程、建筑、海洋、农学、医学等专业领域不属博雅教育的范畴。

博雅教育强调师生间的互相学习，是一门让学生能够安身立命、修身养性的学问，是教育观、教育形式与教育实践的综合。换言之，博雅教育的宗旨是要教导人“学识广博、文理互通”，有较多的通识课程要求。

“学识广博”的教育思想，在中国也是源远流长。《周易·象传》中主张：“君子多识前言往行，以畜其德”；《中庸》则提出，做学问应“博学之，审问之，慎思之，明辨之，笃行之”；《淮南子》中说“通智得而不劳”。博雅教育可产生通人或全人。《论衡》中说：“博览古今者为通人”；“通书千篇以上，万卷以下，弘畅雅闲，审定文牍，而以教授为人师者，通人也”；“通人胸中怀百家之言”。这样的通人、通才，知自然人文、古今之事，能通权达变、通情达理，兼备多种才能。

麻省理工学院教授尼古拉斯·内格罗蓬特（Nicholas Negroponte）说："很多工程学上的僵局都是由根本不是工程师的人打破的。因为思考问题的角度比智商更加重要，有突破性想法的人一般都具备跳跃性思维。一般而言，那些拥有广阔背景、多学科思维以及丰富个人经验的人，才会具备这一能力。"

哈佛大学在1945年探讨办学理念时，撰写了一本红皮书：《自由社会中的公众教育》（*General Education in Free Society*），主张应该培养该校学生与博雅教育精神相同的能力，而这也大大彰显了博雅教育的重要性。这些能力包含：

1. 由小知大，格物致知，由事例看出普遍的能力；由大归小，心即理，由通则推论事例的能力；以及分析、组合乃至于结合创新的能力。

2. 与人沟通：听说读写的基本能力配合正直的品格，以及对社会的理解与应对的方法，增强妥善沟通能力，而沟通正是学习最好的方式之一。

3. 整合执行：结合理论与实际，观察与假设，做出有效决策与行动，发展思想与看法的具体化方法与能力。

4. 价值判断：了解价值的差异与分别，了解自己的选择与意义，了解选择的方法，之后才能勇敢而真实地选择，也因此让生命得以因真实的选择而真正具有价值。

在UIC办学先驱们的指导下，学校倡导的创新博雅教育，包括全人教育、专业教育和导师关顾计划等诸多部分，其中全人教育是其核心和灵魂。全人教育的目标是以学生为主体，以充分发展学生潜能及培养完整个体为目标。全人教育关注学生的德、智、体、美、情绪管理及交往能力，在培养专业能力的同时，顾及思维与操作、观念与实践、分工与合作、欣赏与创作的学习过程。

在教学实践中，UIC自始至终抓住博雅教育的特点和重点。"博"就是要培养每一个人有广博的知识、广泛的兴趣和宽广的视野。"雅"就是要培养每一个人有优雅的品位和高尚的情操。博雅教育帮助学生广览文理，遍识中西；博雅教育培养学生独立思考之精神，团队合作之能力，既握有主见，勇于创新，也能关怀他人，敢于担当。博雅教育鼓励学生们挖掘潜力、发展兴趣、拓宽眼界、提升自我，为未来的人生道路打好基础。

许嘉璐先生在 2015 年第八届中美博雅教育论坛上演讲。

多年后，许嘉璐在第八届中美博雅教育论坛上说道：

“我记得我曾经在 UIC 对同学讲过，你们每个人既是中华人民共和国的公民，也是你生长的某一省某一市的公民，但更重要的是，你应该成为世界公民。什么途径去培养？我想博雅教育就是中国和西方一起探讨出来的有效途径，也是学生愿意接受的方式。当然我也知道，开展博雅教育，无论是在中国，还是在欧美，都会遇到很多的困难和障碍。但是，世界上的学者与教授，几乎有一个共同的性格，就是当自己认识到一个真理后，都会坚持，都会继续不断地向前走。因此，虽然当前人类遇到了种种危机，可是，只要我们抓住教育，教育的普及，教育的提高，教育的博雅，我相信，人类的前途是光明的。面对着当前我们遇到的困难与障碍，我想最重要的解决办法就是要联起手来，不断地探索适合今天、有利于明天的博雅教育的内涵、外延、方式、方法。”

博雅教育在 UIC 已经践行了近 20 年。自 2005 年创校至今，UIC 逐步摸索、发展出一套全人教育新模式，采用“在做中学、知行合一”的“体验式学习”方式，突出全球化的国际视野，培养学生具有广博的知识、独立的人格以及服务社会的领袖精神。

这一探索还在继续，需要不断与时俱进。

第三章

校董会

合作办学需要不断创新，包括管理上的创新。

UIC 在管理模式上与国际接轨，采用国际惯用的“校董会制度”，推行以学为本、专家治校的管理理念，淡化传统的行政管理模式，致力于通过设立委员会推进学术及行政日常工作。

UIC 的最高领导机构是校董会，它是学校最高行政决策机构，负责监督学校各项重大事务，特别是遴选校长、财务规划以及办学规模等等。

校董会由 10 名成员组成，包括 1 名主席，负责召集、主持校董会会议。校董会还设定 1 名秘书，负责校董会会议的筹备，跟进校董会决议。首任校董会主席就是许嘉璐先生。

校董会成员基本上是北京师范大学 5 位，香港浸会大学 5 位。浸会大学方面，除了吴清辉校长外，最早的 UIC 校董会成员有浸大校董会主席郑慕智先生、时任香港浸会大学持续教育学院院长黄志汉先生，还有我，以及 UIC 的一位校领导。对于黄志汉，我们都亲切地叫他 Simon。

香港浸会大学持续教育学院成立于 1975 年，辖下的国际学院、持续及专业教育部、幼儿及基础教育部及护理教育部提供不同学科的全日制及兼读制课程。我是 1998 年秋加入香港浸会大学的。我来之前，浸会大学的持续教育学院连年

2005年，校董会第一次会议于北京举行，部分校董会成员与校董会主席许嘉璐（前排右三）合影。前排左三为北师大党委书记陈文博，后排中为黄志汉，后排右一为作者。

2020年1月，校董会第二十五次会议在北京举行。左五为许嘉璐先生，左六为新上任的香港浸会大学校董会主席陈镇仁博士，右四为作者，右三为浸大传理学院院长黄煜教授。

亏损，黄志汉担任院长后，很快转亏为盈，并且收入越来越好。几年后，他的学院有几万名学生，并且和国外大学开展学位培养合作项目，积极开拓人才培养路径。到 2003 年，学院每年就有几亿港币的净收入。

黄志汉还很有投资眼光。在非典初期，大部分香港人感到很恐惧、很绝望，房地产大跌。这个时候，他在浸会大学校门口的建新中心买入大面积的办公空间，作为香港浸会大学持续进修学院的办公室。这一操作，不仅让学院净赚数亿港币，也证明了黄志汉的眼光。

建新中心（英语 Franki Centre，原名九龙塘中心）位于香港九龙塘联合道 320 号，邻近香港浸会大学和香港浸信会医院，于 1981 年落成，是九龙塘第一个商场。由于地理位置临近“广播道”，广播道上又有著名的“五台山”，所以曾经风光一时。20 世纪 70 年代中期，佳艺电视、亚洲电视、无线电视、香港电台、商业电台总部均坐落于这条只有一公里长的广播道，因此广播道曾被称为“五台山”，同时形成了电视台“三台鼎立”的局面。当时明星经常在广播道出入，因此也吸引了大批影迷在此徘徊。1988 年至 1993 年间，无线电视逐步将其厂房移至清水湾，而亚洲电视于 2007 年将其厂房移至大埔，凤凰卫视和香港有线电视也纷纷搬离，只剩下商业电台和香港电台仍然在广播道运作，广播道的辉煌已不复存在。

建新中心有西餐、茶楼、酒吧、卡拉 OK，吃喝玩乐应有尽有。商场呈 L 形，楼面面积不大，麻雀虽小，但五脏俱全。由于毗邻“五台山”，是不少传媒人、艺员的后花园，所以中心当年星光熠熠。以电影《公仆》分别夺得香港电影金像奖及台湾金马奖的李修贤曾在这里开发廊，香港金像奖影后惠英红的嫂子也在这里开过花店。

我刚到香港的时候，位于九龙塘的又一城开业，加上广播道的部分传媒机构陆续搬走，商场人流大幅减少，建新中心开始走下坡路，但还有余热，让我也多少可以领略到中心昔日的辉煌。记得当时去建新中心的几家有名的饭馆，雅丽阁海鲜酒家、畔溪酒家，还有一家意大利餐馆施贝拉，午饭的时候经常人满为患。浸大的同事们经常指着某个人说，那是某某大明星。可惜我不太看港片，对那些明星基本没有感觉，所以他们的介绍算是"对牛弹琴"。

在浸大工作期间，建新中心的两间酒吧，King's Arm 和 Billy Boozer，是我几乎每周光顾的地方。有时候下班后，我会和几个要好的同事到酒吧里喝杯啤酒，谈天说地，有时候也讨论点研究或工作，美其名曰"流体力学讨论班"，勉强和我的研究方向沾点边。

记得看过梁文道的一篇文章，就叫《酒吧》，开头就说："从前，我曾经是九龙塘 King's Arm 酒吧的常客，中午会在那里静悄悄吃饭看书。黄昏则在喧闹声中独据一隅写稿；有时约朋友见面，便说'在九龙塘畔溪对面那间英国酒吧等'。"

随着又一城开业和"五台山"部分传媒机构搬走，建新中心不再有往日的辉煌，但压垮它的最后一根稻草是"非典"。由于香港是"非典"重灾区，人心惶惶，造成房地产大跌，学校访问学者人数也锐减，政府拨给浸会大学的教工宿舍空置率比较高。学校担心每年要掏腰包负担几百万港币的管理费，就把三座宿舍楼还给政府了。结果半年后疫情走得无影无踪，学校再想要回宿舍大楼已经没有可能。在香港，这三座楼没有十亿八亿港币是不可能拿到的。

在黄志汉的领导下，香港浸会大学国际学院于 2000 年 4 月成立，提供两年制副学士课程。2005 年学院增办了副学士基础课程、学位衔接课程。学院设有两个校园，即九龙塘校园及石门（沙田）校园。九龙塘校园位于浸会大学道校园的持续教育大楼 5–12 楼，总面积约 5607 平方米，设施包括多媒体教室、资源图书馆、计算机实验室、多媒体语言实验室等。位于沙田的石门校园总面积约 3 万平方米，提供室内游泳池、健身室、演讲厅、计算机及多媒体实验室、图书馆、康体活动发展中心、心理学实验室、传播实验室、语言实验室等设施。

我在这里花很多笔墨介绍黄志汉，主要是因为他是催生 UIC 的“财神爷”。UIC 建校初期主要的建设和运营经费就是他的学院支持的，我记得是 1.2 亿港币，按当时的兑换率大约 1.5 亿人民币，这在当时是很大一笔钱。Simon 对于 UIC 的建设厥功至伟，永远值得我们记住。

黄志汉在建校初期的几年内，都是 UIC 的校董会成员。他很有商业头脑和办学创意，为学校的创建作出了重大贡献。

2012 年 1 月 14 日，校董会第九次会议在珠海举行。圆桌前四位（左起）分别是黄志汉、时任浸大校长陈新滋、作者、UIC 校长吴清辉。

UIC 校董会自 2005 年成立后，许嘉璐先生就担任校董会主席。香港浸会大学的校董会主席、校长和北师大的校长、主管国际交流的副校长当然是校董会成员。

UIC 办学史上值得感谢的另一个人是钟秉林教授，在 UIC 办学初期，钟秉林担任北师大校长。他是享有盛名的教育家，长期工作和服务于高等教育界，在推动大学现代化和中小学教育发展上担当了关键的角色。

早在 20 世纪 60 年代末和 70 年代初，钟教授在北京完成中学学习后，去了陕西省延安市郊的一个贫困村落。除了在田里工作，他也当上代课教师，指导一班年龄不同、程度不一的学童。在农村四年半的经历让他深深体会到城乡生活水平的巨大落差，这也使他深刻认识到要协助农村人口彻底脱贫，只能通过教育。

20 世纪 70 年代中期，钟秉林在南京工学院（今东南大学）学习机械工程，成绩卓越，深受老师赏识。1977 年毕业后，他留校任教，取得硕士学位。90 年代初，他被学校派赴英国留学。在完成博士课程前，学校便已破格晋升他为正教授，而他也两度暂停学习回国，先后担任机械工程系的副主任和主任。钟教授在 1994 年取得英国威尔士大学博士学位后，被任命为东南大学副校长。

1996 年，钟教授进入教育部工作，出任高等教育司司长，在扩大高等教育规模、改革人才培养方式和改善高等教育管理体制等方面作出了重大贡献。

2001 年，钟秉林出任北京师范大学的校长，将北师大重新定位为一所聚焦师范教育、教育科学、文理兼重的国际化综合研究型大学。他是一位优秀的教育家，主张必须尊重教育专业，爱护学生，不断学习新的知识，采用以学生为中心的教学方法。

由于自身的国际化教育背景，钟秉林非常重视高等教育国际化，在 UIC 的成长过程中，可以看到钟教授作为教育家敢为人先、勇于开拓的学者风范。在校董会会议上，钟校长的每一句话都那么温和有力，那种儒雅的风度、亲和的力量，自然呈现出了一位教育家的风范！我和钟校长的友谊延续了20年，直到今天，我们还经常有交流，我经常得到他的指导，受益匪浅。

钟秉林校长和吴清辉校长在香港浸会大学毕业典礼上。

钟秉林担任北师大校长达11年3个月，成为继著名历史学家和教育家陈垣之后担任该校校长时间最长的人。在UIC初创时期，有很多问题和磕碰，到钟校长那里，很多时候都是鼓励、宽容、向前看。遇到这样的合作伙伴，是许先生、吴校长的福气，也是UIC的运气。

为了感谢钟校长对UIC建校的卓越贡献，香港浸会大学于2019年授予他荣誉社会科学博士学位。遗憾的是，由于“修例风波”和疫情原因，钟校长没能够亲临颁授荣誉学位现场。

第二部

初创

第四章

校园初建

UIC 当年申请办学的时候，是全国中外合作办学的第二家，第一家是宁波诺丁汉大学。一个新生事物怎样允许它出生，以后又怎样爱护它、帮助它、管理它，这些都没有经验。

但是，教育部、广东省政府以及珠海市政府顺当地通过了审批手续。每一次 UIC 有需求，政府部门都能按照法律法规，尽力支持、给予方便。他们很希望这所大学能给珠三角、中国乃至世界，培养高素质的优秀人才。

2004 年 3 月 9 日，北师大与香港浸大签订合作办学协议，设立 UIC。签约者为钟秉林校长和吴清辉校长，前排站立者中为许嘉璐，左四为时任香港浸会大学校董会主席郑慕智。

2004 年 3 月，经过北师大和香港浸会大学的友好协商，双方签订了合作办学协议。除许嘉璐主席和吴清辉校长之外，时任北师大党委书记陈文博、校长钟秉林，香港浸会大学校董会主席郑慕智也参加了签约仪式。当时我因为出国讲学，很遗憾没能够见证这一历史性的时刻。

建校初期，香港浸会大学校董会主席是郑慕智先生，他对创立 UIC 态度鲜明，大力支持。郑慕智为享誉香港法律界的执业律师，曾出任香港著名的胡百全律师事务所的首席合伙人。除事业上的杰出成就外，郑慕智于繁忙中不忘回馈社会，他曾担任立法局议员、教育统筹委员会主席、香港歌剧院创会主席、香港联合交易所上市委员会主席。1997–2006 年担任香港浸会大学校董会主席。他于 2003 年获香港特区政府颁授金紫荆星章，于 2016 年获颁大紫荆勋章，以表彰其不辞劳苦的服务精神及对香港社会作出的多方面贡献。

2005 年 4 月，UIC 获教育部批准成立，取得了“准生证”，正式成为首家中国内地与香港合办的大学。

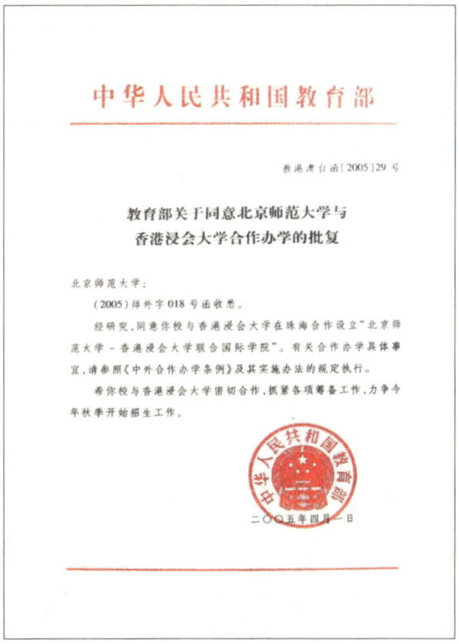
中华人民共和国教育部

教港澳台函[2005]29号

教育部关于同意北京师范大学与香港浸会大学合作办学的批复

北京师范大学：

(2005)师外字 018 号函收悉。

经研究，同意你校与香港浸会大学在珠海合作设立“北京师范大学－香港浸会大学联合国际学院”。有关合作办学具体事宜，请参照《中外合作办学条例》及其实施办法的规定执行。

希你校与香港浸会大学密切合作，抓紧各项筹备工作，力争今年秋季开始招生工作。

中华人民共和国教育部

二〇〇五年四月一日

2005 年 4 月，UIC 获教育部批准成立，成为首家中国内地与香港合办的大学。

UIC 选择珠海的一个主要原因是因为本世纪初，北师大在珠海开办了一个分校，即北师大珠海分校。回顾珠海高等教育的发展历程，合作办学的特色十分鲜明。可以说，珠海一开始就摒弃了自办大学的传统观念，着力引进国内知名大学到珠海兴办校区或学院以及产学研基地，为高等院校异地办学创造了一个成功范例。本世纪初，暨南大学、中山大学、北师大、北理工、吉林大学等高校纷纷落户珠海，大大提升了珠海高等教育的实力。

珠海特区成立40余年来，高等教育实现从无到有、从小到大的跨越式发展，到目前已有10所高校扎根珠海，全日制在校生由2000年的5000多人发展至目前的约14万人，增长了将近27倍。教育质量稳步提升，走出了一条独特的办学之路，这是珠海高等教育的发展基础，也是信心所在。

2005年11月18日，UIC举行成立暨奠基典礼。

2006年，UIC金凤路校园总设计师吕元祥（左）、香港工商界知名人士孔宪绍（中）和常务副校长郭少棠合影，他们身后是正在建设的校区。

UIC 最初的校园在北师大珠海校园里面。当时的北师大珠海分校校园有5000 亩（每亩约 667 平方米），比香港所有的大学校园总面积还要大。对于香港来的办学者来说，这样的校园太大了，在里面切出部分就可以再办个大学了。我想这就是为什么 UIC 一开始会办成一个“校中校”的原因吧。

2005 年 11 月，UIC 校园奠基典礼举行。第十届全国人大常委会副委员长、UIC 校董会主席许嘉璐，教育部港澳台办副主任宋波，广东省人大常委会副主任佀志广，珠海市副市长邓群芳等出席了典礼。

奠基典礼之后，UIC 金凤路校园建设正式开始。校园由香港著名的吕元祥建筑师事务所设计。吕元祥建筑师事务所于 1976 年成立，其主要业务为建筑设计、总体规划及室内设计，项目范围广泛，包括文化与公共建设、教育、综合发展、商业、住宅、酒店、零售及综合运输发展项目等。吕元祥事务所设计的项目屡获设计大奖，在业界很有口碑，也参与了香港科技大学、香港城市大学、香港浸会大学等香港高校的很多设计项目。

吕元祥博士的祖父吕明才是香港著名实业家、慈善家，在香港以他的名字命名的中小学和书院就有十几家。我在香港浸会大学工作的时候，我的办公室大楼叫查济民大楼，办公室对面就是吕明才大楼。因为祖父捐助办学的传承，吕元祥也积极为香港浸会大学的发展贡献力量，他曾经是香港浸会大学校董会成员，学校的学生宿舍大楼也是他设计的。所以他和时任浸会大学校长的吴清辉是老熟人、老朋友。请他来设计校园，一来放心，二来可以建设成一个港式风格的校园。

经过一年多紧张的设计和施工，2006 年，UIC 的第一个校园基本成形了。

2006 年 10 月起，金凤路校园办公楼和教学楼陆续投入使用。教学与办公大楼多采用大玻璃窗户，宽敞明亮，内部装修精美。在这里办公和学习，让老师和同学们很满意，很有幸福感。

UIC 金凤路校园的鸟瞰图

2006年10月，金凤路校园教学楼投入使用。

2008年1月15日，金凤路校舍启用典礼举行，教学及行政等设施全面投入使用，标志着一个完全成形的校园的诞生。

这个“袖珍”版的校园是个典型的港式建筑，占地200亩，依山傍水，环境清幽。几万平方米的建筑，设施俱全。校园内结构很有三维立体感，不

2008 年 1 月 15 日，金凤路校舍启用典礼举行。

像国内很多大学，一地铺开，水彩画式的二维平板型。金凤路校园地上地下、湖边草坪都很有讲究，很有艺术感。并且教学大楼之间、教学大楼与办公大楼距离不远，走动起来非常方便。

和国内的大学相比，香港的大学校园大都是袖珍版的。八大院校里面，校园面积最大的是香港中文大学，大约有 2000 亩，基本上整个山头都是中文大学的教学大楼，由山脚步行上山顶的教学大楼，是非常辛苦的。正因如此，学校就会有校巴给各位同学免费搭乘。因为是山地，可用的面积大概只有一半。

校园面积第二大的是香港大学，总面积为 1000 亩。香港科技大学是面积第三大的大学，总面积约为 900 亩。其他几所大学占地就可以用“悲催”来描述了，香港城市大学 230 亩，香港岭南大学 190 亩，香港教育大学 180 亩，香港理工大学 140 亩，香港浸会大学 90 亩。也就是说，香港八个大学加起来，用地也才 4000 多亩，甚至比不上国内很多大学的一个校园大。

平面上地域太小，就向空间发展，所以香港很多大学都是高楼组成。最有意思的是香港城市大学，基本上是一座大楼组成，进到楼里就像进了一个大商场，像一个迷宫。我在香港工作了十几年，每次去香港城大开会或找人，都心有余悸，半天摸不着北。香港城大经常说自己是一流大学，广东话说起来就像“一楼大学”，颇为有趣。

从 90 亩的香港校园，到了一个 200 亩的校中校，可以想象，当时还在香

金凤路校园校名石。

港浸会大学担任校长的吴清辉觉得是可以接受的。毕竟这样的合作办学能做多大，大家心里还是没有底的。

在建设教学和办公大楼的同时，学生生活区的修建也在紧锣密鼓地规划之中。UIC 初创时期还没有自己的教室、宿舍、饭堂，几乎所有东西都要和北师大珠海分校共享。

2010 年 11 月，位于金凤路校园文化小镇的学习资源中心正式启用。学习资源中心的主体就是图书馆，位于文化小镇第七栋的 2 层至 4 层，使用面积约 6000 平方米。学习资源中心是师生学习生活的重要场所，与传统图书馆以“图书”为中心不同，它的每个学习空间都经过了精心设计，有着不同的风格，满足不同的需求。学习资源中心设计最大的特点是以“人”为本，以促进学习为宗旨，力求为师生提供一个多功能的、休闲舒适的、个性化的学习场所，而且希望倡导一种学习文化。

2010 年 10 月 6 日，UIC 的书籍从旧的图书馆开始搬迁到新的学习资源中心。在一阵密集的锣鼓声中，龙狮队的狮子从旧馆“叼”出一本书，交到排在长长“人龙”之首的吴清辉校长手中。随后，吴校长又将这本书传给同学，紧张有序的传书活动开始，人龙从旧馆一直排到新馆，长达 650 多米。

对于这次活动，吴校长回忆道：“图书馆搬迁是一项繁重、复杂的工作，千人搬书，手手相传，象征着师生团结一心的团队精神。”

2010 年，金凤路校园学习资源中心新馆。

2010 年 10 月，千名师生排成 650 多米长人龙，把图书从旧馆搬到学习资源中心新馆。

2008 年 10 月，UIC 也有了第一个自己的学生宿舍区。新落成的宿舍条件很好，每人都有床、衣柜、书桌、书柜等，屋内有独立洗手间，更有低矮飘窗，使宿舍像家一样舒适。

建校 3 年后，UIC 有了第一个自己的学生宿舍区。

宿舍区外部设施一样周到、友好。楼下有食堂、超市、便利店，还有电脑修理、快餐等方便学生日常生活的店铺，以及活动广场及艺术工作坊等，功能齐全，营造出内涵丰富的生活和文化环境。

有了宿舍之后，UIC 开始建立自己的书院制度，在校内推动苑舍文化。

建校初期，UIC 学生宿舍组建成了 5 个苑舍，即 5 个书院。每个苑舍大概有 400 人到 600 人，不同学系、不同年级的学生组成 1 个苑舍，一般会拥有 1 到 3 栋宿舍楼。一般来说，每个苑舍都有一定的自身特色。苑舍的舍监是来自教学部门的老师，每栋楼有 1 位舍堂主任（相当于辅导员），与学生一起住在宿舍，方便与学生沟通。

书院制是实现通识教育（素质教育）和专才教育相结合，力图达到均衡教育目标的一种学生教育管理制度。首创书院制度的是英国的大学，但英国大学里面真正落实书院制的并不多；而香港八所公立大学中，只有港中大一家一直在身体力行。

近年来，实施书院制教育成为中国高校教育改革的一种积极探索和有效尝试。书院制教育围绕立德树人，通过落实本科生导师制、加强通识教育课程和环境熏陶，拓展学术及文化活动，促进学生文理渗透、专业互补，鼓励不同专业背景的学生混合住宿、互相学习交流，建设学习生活社区，在传授专业知识的同时，打通中国传统文化中的文、史、哲，进而融汇人文科学和自然科学。

书院是和谐融洽的群体，各有宿舍、活动室及其他设施。书院着重全人发展，举办各种活动，让学生为自己的大学生活添彩。这些活动包括研讨会、社区服务，还有多种类学生社团组织的课外活动。

在学生宿舍区，学校启动了“文化艺术小镇”的理念规划，并且让学生参与每栋宿舍楼底层的规划、设计和营运。时任 UIC 常务副校长的郭少棠教授说：“这将是中国首创、具有里程碑意义的学生村，让学生产生家一样的归属感。”

2011 年 11 月 30 日，坐落在“文化艺术小镇”的皮影戏艺术馆正式开馆。

并不是房子建好了，就有“文化艺术小镇”的味道，郭少棠认为，小镇每一次的文化活动都会累积成小镇的文化底蕴。第一个进驻 UIC“文化艺术小镇”的是一间面包房，食品专业的学生在里面现做现卖。来自美国明尼苏达州的一名环境艺术家与学生一起住了一个月，晚上在小镇表演，为小镇带来了另类的文化艺术气息。UIC还特聘了著名艺术家赵树同在小镇建皮影戏艺术馆，学生可以一边喝茶一边欣赏、学习中国的传统文化。

郭少棠会见记者的时候说道："我们正在邀请日本著名的陶艺大师来小镇短期生活，边做边展边培训。我们还会邀请世界不同国家的画家、音乐家、文学家、街头艺术家，甚至是吉他手、刺绣巧匠等民间艺人到小镇小住，开工作室，开讲座，表演，就像剑桥，让小镇的文化更加多元。我们希望学生在生活中寻找感觉和创意，这种创意要为社会服务。文化艺术小镇应该是全民教育的大课堂。"

学校的办学模式、教育理念，也得到了各级领导的指导和鼓励。2008年4月23日，时任广东省委书记汪洋在珠海市委书记甘霖等的陪同下视察UIC，对UIC的创新教育给予了高度肯定。他说："你们这条新路就是把国外的教育体制和中国的文化国情结合起来的道路，既有国内高等教育没有的国外教学体制，又有国外教学体制没有的中国文化。"

在学校的建设过程中，时任广东省教育厅厅长的罗伟其对学校的建设非常支持。2011年新学期一开始，他就来UIC调研，参观了学校的文化小镇和学习资源中心，罗厅长还与自习的同学进行了亲切的交流。他表示："UIC的前景是好的，在UIC读书既能了解国内情况，又能接受先进教育，国内就业正需要这样的人才。"此次已是罗伟其第二次亲临UIC指导工作。

我在广东省工作的七八年里，罗厅长是我见到的很有情怀、很有眼界的教育界领导。在多次的会议和典礼上，我有幸和他进行了交流。这时他已经离开了一线领导岗位，但回忆起UIC的办学历程，遇到的困难，他都可以娓娓道来。吴校长在办学过程中，遇到了罗厅长这样的高水平领导，是UIC的一种幸运。

实际上，在富有改革传奇的南方科技大学的办学过程中，罗厅长也是大力支持。2020年12月20日，南方科技大学建校十周年庆祝大会隆重举行，大会

南科大建校十周年致敬对学校建设作出贡献者。左七为罗伟其厅长，右三为作者。

安排专门环节，向为学校建设发展付出过心血和汗水的 12 位领导和教师献花致谢，上台接受鲜花的 12 位作出突出贡献的建校者，包括教育部原副部长鲁昕、广东省教育厅原厅长罗伟其、南科大创校校长朱清时、南科大原党委书记李铭、南科大第二任校长陈十一、南科大筹建办主任梁北汉等，我也有幸在受表彰者之列。

随着招生人数的增加，UIC 的金凤路校园显得越来越不够用了。2017 年，这个一共使用了 12 年、供近万名学生学习生活过的校园完成了其历史使命。

第五章

招生

在 UIC 建校的前五年，吴清辉校长身兼香港浸会大学的校长和 UIC 的校长，他的工作重心还是在香港，珠海的建校重担就落在了常务副校长郭少棠身上。

郭少棠教授是知名的教育家、历史学家。他曾就读于香港中文大学新亚书院，师从新儒家代表人物牟宗三和唐君毅等著名学者，在取得香港中文大学学

2008 年校董会参会人员合影。前排中间是许嘉璐，左三为钟秉林，左五为吴清辉，右一为郭少棠。

士学位后，又获哈佛大学燕京学社奖学金，于加利福尼亚大学伯克利分校取得硕士、博士学位，主修中国近代及欧洲文化史。郭教授自 1977 年起在香港中文大学任教，致力于中西方历史比较、哲学、政治与国际关系、文化创意产业规划等领域研究，累计出版著作 20 余部。在担任 UIC 常务副校长之前，他曾担任香港中文大学文学院院长。

UIC 创校伊始的 6 年间，作为负责学校运营的常务副校长，郭少棠和一同办学的学者同事们排除了重重困难，经过办学程序、理念和模式的探索，与家长、学生、社会的多方式多渠道交流，让博雅教育的理念融进了教育改革的实践。

郭少棠做的第一件重要的事情就是招生。

和现在很多新办的学校一样，获得教育部“准生证”的学校一般都会很快招收第一批学生，哪怕一两百名学生也可以。就像我曾经供职的南方科技大学一样，在过渡校舍里，第一批招收了 40 多名学生，也算学校开张了。

UIC 也不例外，也是在 2005 年拿到办学许可的情况下，立即着手招生。首批招生始于 2005 年 7 月，当时内外条件都不成熟，连校舍也正在建设之中，但学校还是决定招收第一批学生。吴清辉校长说，当时的认识是，什么事情都得有个开头，不如早一年招生积累经验。

但 UIC 的首次招生之路并不顺利。学费标准递到省物价局审批，物价局不批，他们不认同这么高的学费，没有先例。国内大学一般每年是五六千元，但 UIC 的学费是每年 3 万多元。

几经协调，学费标准最终批准了下来。但录取时间已过大半，学校只能在本科第三批中补录。

2005 年 10 月，274 名来自北京、上海、广东、福建、四川和香港、澳门的大学新生聚集到广东珠海，在注册报到处兴高采烈地交谈。这 274 名新生此时还没有意识到，他们已经成为中国第一家内地与香港合办大学的首批成员，即将掀开中国高等教育史上崭新的一页。

这批学生最终获益巨大，他们以本科第三批的录取分数线，获得了香港浸会大学的学位证书。但首届招生的274人中，最终只有244人获得了学位。超过一成的学生没能够毕业。取得学位的同学中，有很多都发展得不错，在自己的工作岗位上取得了很好的成绩。

初始阶段，学校仅开设5个学士课程，分别是应用经济学、财务学、环境科学、计算机、统计学。

匆忙招生之后，学校稳住了情绪，第二年开始有计划地宣传，2006年招收了近800名学生，分属11个专业。该届学生4年后毕业时获得了良好的就业及深造机会，超过40%的学生赴海外留学深造，其中近百名学生得到了全球排名前一百高校的研究生录取通知书。就业学生很多被世界五百强企业、著名外资合资企业、国企、政府及社区机构等录用。这年的招生经验，为后来的招生之路打下了良好的基础。

2005年10月21日，首届开学典礼。

2009年6月6日，首届毕业庆典在校园举行，244名学生顺利毕业。

2009 年 8 月的新生开学典礼。同年 4 月，教育部批准 UIC 在 16 个省市招收一本学生。

通过几年的努力和毕业生很好的去向所带来的“名片效应”，UIC 的招生版图涵盖了国内绝大部分省份，并且招收的学生入学成绩逐年提升，很快超过了一本线。每年都有来自全国知名高中的考生报读 UIC，如人大附中、成都七中、长郡中学、雅礼中学、郑州外国语学校、重庆巴蜀中学、东北师大附中、深圳中学等等。

办学第十年即 2014 年，UIC 汇聚了 5000 名内地、港澳台和外国学子。

2013 年，UIC 在广东省招生开始实行高考基础上的综合评价录取，在探索高等教育多元化的道路上向纵深迈进。综合评价录取，简称“631 模式”，按综合成绩择优录取，即考生高考成绩占 60%，UIC 组织的全英文自主入学测试成绩占 30%，高中阶段的学业水平考试成绩占 10%。

2013年5月14日，《光明日报》发表了题为"'631自主招生模式'好在哪？"的文章，其副标题是"北京师范大学－香港浸会大学联合国际学院高考招生有创新"；其中采访UIC校长助理李宁宁的部分诠释了"631招生"的精华。

校长助理李宁宁说："考生的综合素质和学习潜力往往不是一张考卷能够反映出来的。以'志愿＋考分'论取舍的招生模式带来的一个弊端是，在录取的看似优秀的高分学生中，总是有一部分不能适应大学的学习生活。而UIC通过全英文综合评价测试录取的高考生，却由于个人性格更加阳光、自信，更具有明确的学习目标和坚韧不拔的学习毅力，往往有着更出色的表现，更多更充分地体现了人才选拔与人才培养理念的对接。"

制度变革之后，如何解决录取"公平"问题？

时任UIC教务长的张根发教授说，UIC也在探索"综合评价"与"阳光招生"的结合点，现在实行的"631模式"体现的就是一个循序渐进的过程，随着人们认识的提高和社会宽容度的提升，国内高校作为独立而自主的办学主体，今后有可能在高考录取中逐步增加"综合评价"的权重和规模。

2013年，UIC在广东省实行招生改革的新闻发布会。左起：招生办副主任林群英、学术副校长徐是雄、校长吴清辉、教务长张根发。

2013年6月16日，首次实施的"广东省综合评价录取"入学测试在广州、珠海、汕头和湛江同时举行。

时任UIC招生办副主任的林群英告诉《光明日报》记者，近年来，社会评价UIC是“不出国的留学”“海外继续深造的桥梁”“智商情商俱备的国际化人才摇篮”等，多少体现了UIC独特的办学理念。她相信，通过UIC独立组织的包括理解、应用、听力、口才等全英文综合测试，UIC打造博雅型大学的办学理念会得到进一步的强化和提升。

我到UIC之后，有些同事告诉我，“631模式”是UIC率先提出和实践的。但事实并非如此，这个模式的发明权应该是朱清时院士，是南方科技大学于2011年推出的。UIC应该是属于第二家。

有意思的是，2019年，“不唯高考、聚焦能力、关注过程——南方科技大学综合评价录取模式的探索与实践”项目荣获广东省教育教学成果奖一等奖，陈十一校长是该项目的第一完成人，作为时任副校长兼教务长，我成了第二完成人。申报的时候，我不想签名，这个发明权应该属于我们的前任，我们掠人之美，受之有愧。但是考虑到现有的游戏规则和学校荣誉，我后来还是签名了。不过这个荣誉我永远不敢写在我的简历里面。

UIC近20年的办学成就，主要的体现之一就是招生水平的节节攀升。这是学生的认可，家长的认可，也是社会的认可。没有好的增值水平，没有好的培养能力，家长不可能花高学费把孩子们送过来。

每年的招生季，学校也会充分调动老师、校友、家长和学生的资源，到全国各地举行招生说明会。校长亲自挂帅，副校长、院长、知名教授轮流出席招生说明会，现场为家长及考生介绍学校概况、教育理念和办学特色，并回答他们的问题。

建校以来，UIC有一个特别能战斗的招生办。招生办在林群英主任的带领下，在全国各地都有合作者、支持者，他们把每年的招生工作安排得井井有条，把省内省外的中学情况摸得很清楚。这几年招生质量越来越好，招生办的成绩是有目共睹的。

一个新学校主动出去宣传，才能把招生质量提上去。这几年，UIC报名人数逐年攀升、入学成绩越来越好就是一个佐证。我在南科大期间，曾经管过招生办，每年的春天，我们就发动学校的知名教授游走于国内主要城市，进行招

UIC广州招生说明会，汤涛校长向家长和考生介绍学校。

2019 年招生说明会深圳场的主持人是 UIC 大二学生张嘉木，其父张钰先生到场做分享。

生宣传。我自己就去过十几个城市和几十个中学，为南科大进行宣传。到了 UIC 后，我也主动走进中学做宣传。我发现，由于中文校名比较长，且学校长期比较低调，很多家长和学生都不知道 UIC。所以采用多种方式去宣传学校，提升学校的知名度，就变成一项非常急迫的任务。

长期以来，UIC 非常重视和家长的联络和沟通，学校充分意识到家长是学校发展不可忽视的参与方，如何充分挖掘和发挥家长的力量，使之成为促进学生、教师共同成长和学校可持续性发展的有效力量，一直是学校领导层关注的一个重要问题。而在招生问题上，家长们表现出来的热情和能量令我非常感动。

每次招生说明会都有许多家长和孩子一起来为 UIC 做宣传，2019 年深圳场的主持人是来自大二社会工作与社会行政专业的张嘉木，而她的父亲，正是当天分享的家长张钰先生。张爸爸非常认同 UIC 的教育模式，他说：“许多孩子认为上大学就是去到一个网速快一点的地方，可以放松打游戏，但在 UIC 的学习氛围和环境里，不可能有这样的机会，孩子们都积极上进，自觉地严格要求自己。UIC 的博雅教育让孩子不仅能学到专业知识，还能全面发展自我。如今国

招生说明会现场有道靓丽的风景线——“UIC 蓝”，那就是家长志愿者和学生义工们。

学生与家长志愿者和汤涛校长合影。

家大力支持粤港澳大湾区的发展，UIC 的教育模式能让孩子在未来的深造和就业中更有优势。”正是因为认同，他对学校的帮助不遗余力，为了 UIC 的招生宣传父女同上阵。

疫情期间大学如何做招生宣讲？2020 年 5 月 17 日，UIC 举行主题为“融合中西、贯通古今——留学不出国门”的“云游校园”开放日，我和陈致常务副校长化身“主播”，为学校代言。考生和家长不仅可以了解学校发展规划、教育特色和招生政策，还可以在线“游览”学校风光与设施。

2021 年 6 月 26 日晚，陈致常务副校长做客中国教育新闻网直播间，用他那浑厚的男中音与家长、考生们进行交流：招生和去年相比有什么变化？课程设置、专业建设如何？什么样的学生适合 UIC？博雅教育具体如何实现？为何升学率这么高？学生优势在哪里？

线上远程考试总中心。

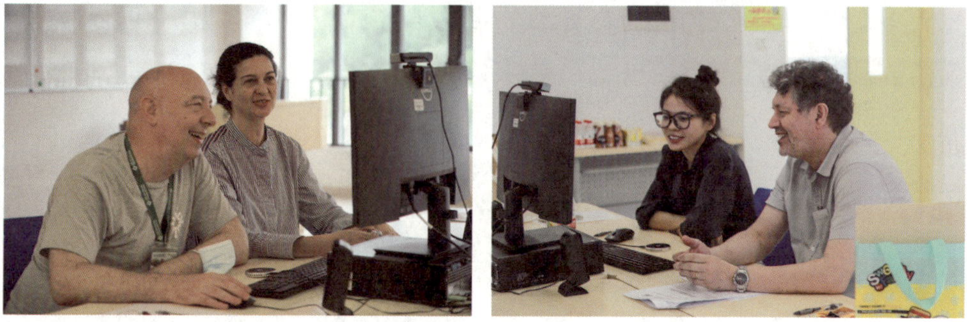

参与线上面试的老师在工作。

陈致告诉我，当晚听众近百万，他瞬间变成了网红。他笑言：“当天应该带点货，不然浪费网红时光了。”

一分耕耘，一分收获。以广东省招生为例，2022年计划招生870名，其中实行“631模式”自主招生的有760名，但报名的学生人数将近10倍，经严格的资格审核，有5000余名考生获得入学测试资格。因为疫情的关系，连续3年的综评入学测试都采用了“双机位”线上远程方式进行。

第六章

学费

创校初期，在郭少棠看来，教学理念的差异、内地和香港生源的不同特点、教学方法的差异，还不是 UIC 遭遇的难题，最大的困难来自两地的教育政策基于价值观、制度、法律和规章的差异性，这些差异时时发生碰撞。

在香港，香港浸会大学属于非营利的公立大学，浸会大学与北京师范大学联合创办的联合国际学院，也是非营利性质的，虽然学费较高，但成本更高。然而在内地，UIC 诞生时被划分为“民办高校”，不仅得不到政府投入，反而还要征税，角色身份非常尴尬。

学费几乎是学校的唯一收入来源，办学一开始，学校提出每年 3 万元学费，受到了有关物价部门的质疑。不解决学费标准的问题，学校很难走下去。好在郭少棠头脑够灵活。不是还有一个“老大哥”宁波诺丁汉吗？他们是如何处理此事的呢？

2006 年 12 月 8 日，郭少棠邀请了广东省物价局谢楷鑫科长和广东省教育厅刘玉兰女士一同去宁波调研，同行的还有 UIC 校长助理李宁宁和财务处处长李文。他们一行受到宁波诺丁汉大学执行校长 Ian Gow 教授和校长助理兼教务长沈伟其博士的热情接待。Ian Gow 教授亲自向来访者就学校背景、现状以及发展前景等方面做了介绍，沈博士就办学过程中的许多具体问题和来访者进行了交流。

时任宁波诺丁汉大学副校长的沈伟其教授（右四）2019 年 9 月在 UIC 参加中外合作大学校长论坛。右五为教育部原副部长鲁昕教授。

作为我国中外合作办学的第一家，宁波诺丁汉大学可谓占据了天时、地利、人和。学校占地近千亩，环境优美，校园设计基本参照英国诺丁汉大学，整体观感开阔舒展，有一定现代气息，前期校园硬件设施的建设总投入超过 6 亿元，这在本世纪初是一个大手笔。该校地处宁波高校园区之内，可共享高校园区一切设施，其中最重要的是图书馆及体育场馆。

关于学费问题，沈伟其博士介绍说，在学费标准制定过程中，物价管理部门因为这是第一所“中外合资”性质的学校，尚无可参考数据，因此要学校自己提出收费标准及相关参考意见。而宁波诺丁汉大学正是以香港高校在内地招生的学费标准作为参考，向物价部门申请了收费标准并获批准，考虑到学校初建，早期实际收费标准还给予了一定优惠。

这一分享，为 UIC 的学费制定提供了经验。此后 UIC 的学费基本上和宁波诺丁汉大学保持接近，也得到了广东省有关部门的支持。

一次访问，解决了一个关键问题，这也为学校的长期发展奠定了坚实的物质基础。虽然学费不低，但报考人数从 2005 年的几百名到现在的每年一两万人，数字反映了很多问题。

第三部

学生培养

第七章

教学与质量

UIC 非常关注教学，在成立第一天，就把教学和育人放在首位。UIC 教学这一块的特色包括小班教学、英文教学。

与国内其他院校不同，UIC 办学伊始，就决定以英语为教学语言，实行 4 年全英文教学。除了语文课等少数课程外，不管是教材，还是作业，就连日常邮件使用的语言都是英文的。

UIC 英语语言中心拥有来自英国、美国、加拿大、澳大利亚等世界各地的近 50 名资深外籍教师和助教，向大一、大二学生提供数门必修英语课程，注重培养学生的听、说、读、写四个方面的运用能力；同时为全校学生提供多门公共选修课：实用英语听说技巧、报告制作与展示技巧、职场英语应用、辩证思维英语、英语语境诠释与表达、专业公众演讲、动感英语口语、写故事学英语、信息图表读与写、大学英语应用技巧。

英语语言中心的重要职能之一是帮助学生提升英语能力，根据学生的英语程度进行强化训练，因材施教，还组织多种多样的课外活动以提高学生自主学习的能力。在自主学习活动中心，同学们可以通过参加英语角或趣味性俱乐部等社团活动来提高学习英语的兴趣。

英语语言中心除提供有学分课程的小班英语授课外，也提供一对一或多种形式的英语学习辅导服务，例如英语写作工作坊、口语辅导课、英语听说小组辅导班、英语写作提高班等课程及活动，让英语学习贯穿整个大学期间。从日常英语应用到学术写作及报告，从考场到职场，学生的英语能力得到持续训练和提升。

新生英语强化课程课堂气氛活跃。

对于新生来说，即将面对英文教学环境，不少人都有些担忧。为帮助新生尽快适应，UIC 为新生准备了一个“缓冲跑道”，即新生英语强化课程。课程内容丰富、形式多样，有脑筋急转弯、绕口令、歌词填空和小组讨论等，让同学们在新鲜、有趣、放松的状态下进入英语学习环境。

在 UIC 4 年的英文教学环境下，学生最大的收获之一是学会了用英语学习、思考，敢于并且善于用英语表达自己。

我曾经看到一位同学的分享：“在校期间除了全英文教学自然而然的浸泡以外，对我英语帮助最大的，一是大一的学术写作与阅读课，让我学会了学术写作的基本格式和论述逻辑；二是有些英语老师先前有过雅思考官的经历，在我和很多同学准备雅思的时候，都会给予帮助，比如每周帮助同学们进行口语模考、批改作文，还有口语角，都是很好的资源。”

UIC 英文教学课程设计比较合理，首先，大一会有学术阅读和写作课程，帮助学生养成良好的学术习惯；其次，全英文教学从一开始就全面培养了学生的英文听说读写能力，可以让学生自如地用英文学习和掌握知识。

UIC 教学模式与国际接轨，老师不承包课堂的所有时间；在小班教学模式下，每班的学生人数相对较少，约在 20–50 人的范围之内。小班教学是国际顶尖大学保证本科教育质量的核心方法。而且，越是重视本科教育的大学越强调小班教学的重要性。在芝加哥大学和哥伦比亚大学的核心课程中，小班教学的比例甚至达到了 70%。

小班教学的优点比较多。比如：学生人数少意味着每个人都能从老师那里得到他们需要的关注，同时会被鼓励参与讨论，并表达自己的意见；小班制的教师有更多机会观察和评估整个班级和学生个人的表现。当教师和学生在课堂上自发地互动时，学习可以得到进一步的加强；班级学生人数少，每个人在分享他们的想法和观点时能够更加自信和自在，且有更多的时间表达自己的意见。

重视本科生教学本身就是大学最核心的文化。教授不但必须要上课，而且也要喜欢上课。教书育人是 UIC 的第一要务，这一点在我就任第二任校长后，在很多场合多次强调。除了院长和校领导外，UIC 要求所有老师要坚持在教学第一线，每年都要完成规定的教学任务。我加入 UIC 以后，也鼓励院长和校领导适当开课，让院士、名教授走入课堂。

汤涛校长给大二学生开常微分方程课。

常务副校长陈致教授为学生讲授古诗词创作与欣赏课程。

经过 4 年在珠海的学习，如果各科成绩合格，学生就可以获颁北京师范大学－香港浸会大学联合国际学院本科毕业证书（教育部电子注册）和香港浸会大学学士学位证书（内地、香港及国际范围均获认可）。

每届 UIC 毕业生都可参加两次毕业典礼。当年 6 月，他们在 UIC 举办的毕业典礼上获颁 UIC 毕业证书，依依惜别；11 月，他们在香港浸会大学举办的毕业典礼上获颁香港浸会大学学位证书，再启征程。

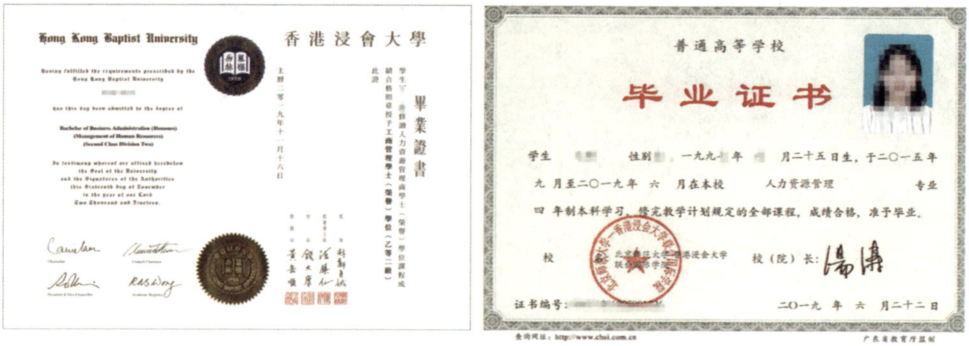

UIC 学生毕业后可以取得香港浸会大学学士学位和 UIC 毕业证书。

左为 2018 年 11 月毕业生在香港接受时任香港浸大校长钱大康颁发的学位证书，右为当年 6 月学生接受 UIC 校长吴清辉颁发的毕业证书。

2009 年 11 月 7 日，UIC 首届毕业生在香港浸会大学第 50 届毕业典礼上获颁学士学位。

由于毕业生获颁香港浸会大学学士学位，因此 UIC 引入香港浸会大学的课程设置和教学系统，建立了完整的教学品质保证体系，接受香港浸会大学的监督、评估和指导。

学习是学生的核心。UIC 没有不用签到的百人大课堂，也没有唾手可得的成绩。UIC 执行严格的平均绩点（GPA）制度。从开学到期末，学生每个星期都有很多全英文测试和小组作业。这些学习任务的完成情况都会按比例计入最终成绩，学生只有在每一项任务中坚持积累，不断努力，才有可能在期末时拿到 A 等成绩。

在艰苦的高中学习期间，几乎每个老师都安慰过同学们："上了大学就轻松了。"在 UIC，你会发现这是一个弥天大谎。

同学们在 UIC 暑期课程课堂上认真听讲。

UIC 严格的品质保证体系和平均绩点（GPA）制度，让不少学生调侃UIC的学习强度等同于又读了4年高三。在 UIC，每个学生的日常生活即是：Deadline（截止日期）、Presentation（上台演讲）、Essay（作文）、Quiz（小测验），这也是贯穿 UIC 学生们大学 4 年的关键词。

截止日期和小测验不难理解。

在 UIC，基本上每门课都会有当堂测验，即 quiz。一般每次测验 5–15 分钟可以完成，根据教授的教学安排，可能每学完一章节测验一次，可能每个月抽一节课测验一次，不固定。每门课一个月有一次的正式考试，称为月考，一般是学习完三四个章节就会考试。而期中考试一般是开学两个半月后的考试，难度比月考稍微大一些，所以考试相对比较频繁。

在 UIC，学生们都会被要求写 essay，作文、短评、论述等各种文章统称为 essay，通常是篇幅 2–3 页的文档，就教授所给的话题或问题写出自己的论述，这是最常见的一类作业；稍微偏文科性质一点的学科，写这种 essay 就是家常便饭。有些是课后作业，有时需要当堂完成。这是大学生的基本功，很好的写作技巧、大量的相关阅读，都是做好 essay 的重要前提。

课堂演讲，就是 presentation，要求学生对某一话题进行一个小型演讲。一般来说，每次 presentation 按课程要求不同，有小组完成的、有个人完成的，每次 5–10 分钟不等，需要清晰而完整地呈现所讲主题。

一场成功精彩的课堂演讲跟演讲者的情绪、思路、内容的安排、语言的简洁程度、时间把控都是息息相关的，只有这些综合因素汇总在一起并足够吸引观众，才是一个优秀的 presentation。

不管是作文，还是演讲，大约有一半都会以小组的形式完成，小组的好处自然是“三个臭皮匠，顶个诸葛亮”。不同文化背景的小组成员往往能互相帮助，集思广益的效果常常能给人带来意外之喜，而更重要的好处是培养学生的团队意识和把握局面的能力。身处一个团队，意见分歧在所难免，关键是要学会去习惯这种分歧，理解这种分歧，才能扬长避短。

上面谈到的大学 4 年关键词和国际顶级大学是完全相仿的，和国际化教育非常接轨，所以 UIC 学生出国后，发现这些训练非常有用。

卫萱是 UIC 2021 届统计学的毕业生，毕业后去耶鲁大学深造。她在和校友的分享中说道：“UIC 全英文教学让我更好地适应英文的教学环境。各种小组作业都很好地锻炼了我的英语表达能力和合作能力。就统计学专业来说，每门课的 group project 都让我们不仅仅停留在理论层面上学习知识，而是将知识运用到解决真实的实际问题中。”

毕业后选择去香港大学读研的黎芮同学分享说：“这 4 年，尽管是在无数个 deadline、essay、presentation 中度过，熬夜过，抱怨过，可现在回想起来，留在心里更多的是我们可爱的笑容，是我们一起奋斗的样子。有人问我，在 UIC 学习感觉像是读了 4 年高三一样，你后悔不？我是一千万个不后悔，在这里，我学到的不仅仅是知识，还有自信和朝着梦想不回头的倔强。”

毕业后选择去美国约翰·霍普金斯大学应用经济学读研的李家蓉同学分享道：“创新而又务实的 UIC，从大一开始训练 presentation、essay、group project 的能力，为日后的留学、就业打下了扎实的基础。国内外知名学者的学术讲座，给我们营造了良好的学术氛围；每个寒暑假学校提供的优秀的国内外交流项目以及实习机会，让我们丰富了人生阅历，走向世界的舞台。”

2021 年学校开放日的时候，有位家长做了如下分享，能够比较准确地表达很多学生的学习态度。

这位家长说：“我儿子高中 3 年玩心较重，进入 UIC 后，他像变了一个人似的，学习热情高涨，学习劲头很足，成绩逐年攀升。大学 3 年过得比高三还忙，虽然有时会通宵达旦地做作业或小组课题，但也很开心，真正是‘累并快乐着’。一开始我以为他是高中没有认真学习，现在‘良心发现’急于补缺，后来暗暗观察发现他周边的同学都很‘拼’，你追我赶的学习氛围特别浓厚。这一点对当代大学生很重要。我们都知道：大学阶段是人生学习的黄金期，但高考过后很多孩子因为学怕了，往往会有歇一歇的想法，从而浪费宝贵的学习时间和机会。UIC 在这方面做得较好，学校学分评定机制比较科学，采取多元化的成绩评估方式来评定学生的成绩。学生想拿高分，单靠期中期末突击考试是不够的，得在平时作业、上课表现、小组课题等方方面面下足功夫，才有可能拿到理想的总成绩，所以孩子们压根就不敢、也不能偷懒。”

质量是大学教育的生命线，作为内地和香港合办的第一所大学，UIC 自成立之日起，就坚持把学生作为核心，把教学质量放在第一位，目标是把学校建成一所高品质、国际化的博雅

2017 年 3 月 15–17 日，香港浸会大学教学评估小组到 UIC 进行第六次院校评估。

型大学。UIC为此建立了一套独特的教学质量保障体系，包括国际化的管理和教学模式、校外评审官制度、顾问委员会等，并且香港浸会大学定期对UIC的教学程序、质量进行评鉴，严把教育教学质量关。

2015年4月27—28日，北京师范大学和香港浸会大学首次对UIC进行联合评审。

在UIC建校十周年之际，为落实校董会的意见，两所母体学校北京师范大学和香港浸会大学首次对UIC进行联合评审，并于2015年4月27至28日来校实地考察。评审小组召集人为北京师范大学副校长周作宇，成员包括北师大珠海分校常务副校长傅爱兰、北师大教务处副处长何丽平、北师大港澳台办公室主任王秀梅，以及香港浸会大学协理副校长黄煜、黄岳顺、陈洁光，研究生院常务副院长文洁华等。联合评审小组在考察结束时肯定了UIC十年来的办学成果，认为UIC严把教育教学质量关，学术品质也有了明显的提升，取得的成绩有目共睹，赢得了广泛的社会赞誉。

自2019年加入UIC后，我发现UIC的教学队伍是高质量的，老师们会教学、爱教学，他们是学校越办越好的重要保证。正如被北师大选派到UIC担任副校长的张聪教授所说的："我觉得在教学方面，UIC值得内地大学借鉴。我们的老师真正是全身心地投入教学工作，而内地其他高校牵涉到科研、职称评级等很多其他方面，对学生个体的关爱不够。"

第八章

培养与关怀

2007 年至 2020 年担任 UIC 副校长的张聪教授，一直主管学生和后勤工作，他对学校的学生工作深有体会。

在 UIC 合作办学的协议里，香港浸会大学通过全球遴选，选派一位校长过来参与学校管理，而北师大会选派一位干部担任教务长，一位干部担任党委书记兼副校长。张聪是最早被北师大选派过来的干部之一。

我到 UIC 之后，已经是张聪在 UIC 任职的最后一两年了。虽然接触时间短暂，但我对他印象非常好，儒雅、谦和，以身作则，非常适合 UIC 的气质。

张聪教授是有机化学家。20 世纪 80 年代，他在瑞士的伯尔尼大学获得博士学位，在国外学习生活了近 6 年，回国后便一直在国内大学担任教学和行政职务。1991 年到 1997 年，他先在兰州大学任教，1997 年 6 月开始到北师大任职，先后担任化学系副主任、总支书记、研究生院培养处处长等职务，兼顾教学和管理工作。他于 2006 年 5 月入职 UIC，先做了一年教务长，2007 年 7 月起担任副校长，2015 年 6 月起担任 UIC 党委书记兼副校长直至荣休。

在张聪任职 UIC 的十几年，对于 UIC 学生而言，即使不认识张副校长，只要去过几次学生活动的现场，就很容易记住那件灰色格子西装——那是张聪副校长最常见的着装，正如他本人的个性，朴素低调、平易近人。

张聪副校长在 2019 年开学典礼上讲话。

2003 年《中外合作办学条例》颁布，2005 年北京师范大学和香港浸会大学携手在珠海成立 UIC。按照教育部的规定，两校合作办学，母体学校须有管理人员在合作学校任职。2006 年 3 月，北京师范大学决定委派两位教授到 UIC 任职，张聪是其中之一。“我来 UIC 可以说有点戏剧性，”张聪笑着说起这段经历，“我是在周五晚上接到北师大史副校长的电话，被告知学校有这个决定，请我在周一给出答复。所以，实际没有多少考虑时间，我就接受了工作安排。”

当时他对 UIC 一无所知，就问校领导为什么调他去 UIC。校领导回答说，UIC 吴清辉校长提的要求是，首先必须是一个学者，其次要具备一定的行政管理能力，最后要有留学经验。这三点张聪都具备，所以他被点将了，他也就服从了选择和安排。

张聪加入 UIC 那年，他的儿子同时被北京大学和耶鲁大学录取为本科生。结合儿子申请美国大学的过程，张聪感到美国的大学 SAT 考试满分率很高，但名校更多是看重申请材料所反映的综合素养，所以他很认同 UIC 培养模式所代表的综合评价导向，“未来如果我们的教育体制也能实现这一步，学术评价当然不可或缺，但如果能结合其他方面的素养和素质来评价，可能会更好一些。这也是大学真正意义上应该做的事情”。

作为创校元老之一，在回忆他分管的学生工作时，他深有感情地说：“2007

年 6 月，我开始担任 UIC 副校长。学生工作方面，就我个人原来在国内大学的经验，UIC 跟他们还是有很多差别。我个人感受最深的是 UIC 的师生互动，我们从老师到院长乃至校领导，对学生个体的关爱程度都很高，师生之间的互动非常多，例如我们的导师关顾计划、心理辅导等。我常开玩笑说，UIC 学生或许不能保证每天都能见到校长，但至少每周见面是可以的。这在其他高校很难想象。”

“国内其他大学还是有班主任、辅导员、团委、党支部等健全的组织形式，相当于一个完整的学生工作队伍。我们这里最初可以说完全是新的，我对这方面工作，对在符合国家政策方针框架内的所有创新探索，也都抱有开放的态度。当时构架学生事务的小组叫社区服务，其实是借鉴了西方寄宿学校的管理方式，无论我本人还是其他内地同事，对此都有个适应过程。学生活动的管理方面也有不同，内地高校主要是由团委负责这块工作，而我们这里是有一个领袖发展小组。”

“我觉得尤其值得一提的是我们的心理辅导小组。对学生的心理干预方面，我们跟内地大学在理念和做法上有很大差异。我觉得我们在这方面工作做得很好。有一个指标可以考量，我们已经培养了 1.5 万名学生，出现极端案例的比例非常低，这说明我们在关注学生的细节工作上做得比较到位。例如我们一直坚持实行的门禁制度，尽管学生中间有一些不同的意见，但毕竟要考虑中国内地的国情不同，大部分学生和家长还是能够体谅和支持我们的做法。”

“另一个好的例子是 MCP（导师关顾计划），虽然 MCP 计划理论上只是针对大一学生，但实际上，很多 MCP 小组的导师在 4 年里都有跟踪这个小组的学生的学习和生活情况。我们学生与老师之间的互动很好，学生能从老师那里得到很多实际的帮助。”

正如张聪副校长观察到的，UIC特别注重师生互动，老师有着多重“身份”。他们是学子求学路上的领航者、解惑者、关怀者、陪伴者，这样的老师在学生眼里，是师，亦是友。在UIC，每位老师都会有consultation hour（答疑时间），一周大概有5到10个小时。老师把固定的时间写在门上，学生在这些时间可以进入老师办公室，向老师请教。

此外，UIC于2020年启动学术导师计划（AAP）。学术导师由各个专业的授课老师或助教担任，通过一对一面谈的形式，针对性地为学生解答有关学业、竞赛、实习、升学、就业等方面的问题，以帮助学生更加积极高效地学习和生活。这成了学生寻求学术指导和教师关怀的又一“便捷通道”。

在学生的眼里，敬业是UIC老师的日常习惯。许多UIC老师在课后都会耐心解答同学们的各种问题，直到最后一位同学问完后才离开；晚上也会回复同学们的邮件。

UIC的老师们不只是尽责，并且每个人都很有学识，见多识广。学校在全球范围内广泛引进优秀人才，不断优化升级师资队伍。目前，师资来自30多个国家和地区，专任讲师及以上百分之百具有境外留学或工作经历，参与授课的教师近九成拥有博士学位。

2022年4月初的“阅读周”，学校推出“取贤于师，共享食光”特别活动：学生可约老师共同用餐，费用由学校买单。

在UIC，老师不仅在课堂上传授知识，也会将自己的求学经历和见解分享给学生，帮助学生挖掘潜能，找到属于自己的职业发展方向。文化与创意学部王兮博士在课堂外还担任学生职业发展中心一对一咨询项目的指导老师。来咨询王博士的学生，或对未来规划犹豫不定，或对专业选择存在困惑，或对升学存有顾虑。王博士设身处地为同学分析，并分享自己求学、生活、工作的经验。事实上，这种师生关系已经延伸到日常的生活交流中。同学对职业发展有疑惑时，会直接请教任课老师，老师也会真诚地解答。

在培养学生的实践中，UIC 提出了“四维教育”的概念。其“发明权”应该属于 UIC 首任常务副校长郭少棠教授。

“四维教育”的缘起，还得回到 2005 年 UIC 迎来第一批新生的日子。

这一天，UIC 用以迎接 200 多名新生的场地，一下子涌来了七八百人。陪同兴高采烈的新生来报到的，不但有他们的行李，还有他们的爸爸、妈妈，甚至爷爷、奶奶、外公、外婆。往往还会出现这样的画面，学生随身带来的行李，几乎都是父母又背又拎，甚是辛苦；但学生自己都是双手空空，甩着胳膊潇洒地往前走……

郭少棠和 UIC 的同事们惊讶地看着这在香港看不到的景象，开始思索这背后所存在的教育问题：家长们拳拳爱子之心，令人感动，但这份过度的关心，往往使孩子们无形当中缺乏独立生活、独立思考、独立应对各种问题的能力；在独生子女政策背景下，面对 UIC 的高收费，家长们对学校的服务要求就更高，难免会有一些摩擦，因此需要有一个平台，与家长们能顺畅地进行沟通。因此，育才已不单单是学校与学子之间的事了，它还应该包含学子背后的家庭。

于是，在 2005 年 11 月，UIC 第一次提出了“三维教育”的理念，就是学校、学生、家庭三维关系中，希望从家庭入手，在与家长的互动中，让家长回归曾经错位的角色，成为新型教育的支持者和帮助者。

2015年，第九届四维教育新生家长论坛，现场座无虚席。

2006年3月，第二次UIC发展策略研讨会又提出把“社会”这个资源引入到UIC培育英才的模式中，希望通过与社会和家长的合作，让我们可以培养学生自律、自爱和自强的能力，并跟我们一起推动这个创新教育工作。

2006年7月，郭少棠提出“四维教育”（师、生、家、国）这一创新教育理念：“四维”是中国文化传统的基本伦理道德观念，我们借用来指四种核心力量，即学生、学校、家长和社会，四方携手推动的教育，缺一不可的四维互动关系。在行动策略上，则希望通过学生，联合家长和社会资源，加强我们的教育力量。

全人教育(Whole Person Education)是UIC的核心教育理念之一，旨在培养学生成为在身体、知识、智力、道德、人格、心理和创造性等方面全面发展的“完整的人”。UIC全人教育采用体验式学习的方法，强调“在做中学”，最早的版本包括八大模块：语言文化、体验拓展、体育文化、义工服务、环境意识、情绪健康、艺术体验和逆境求存。

换言之，全人教育旨在培育学生的内在自我，关注学生道德、审美、情绪、社交、健康和精神潜质等方面的提升，达成全面发展。基于这一理念，学校设置了全人教育课程和相应的学习活动，让学生通过体验式学习的方式，知行合一，在切身经历中体悟全人之道。

最早版本的全人教育八大模块。

UIC 全人教育课程的设置还关注对中国传统文化的体验式学习。如情绪智能中的太极课，体育文化中的舞龙舞狮课、龙舟课、射道课，艺术体验中的古琴课、雅乐课，都让同学们在全面发展的同时，对中国传统文化有更加深刻、鲜活的理解。

2009 年 7 月，经过严格的课程设计和审核，UIC 全人教育 7 门体验式学习课程获香港浸会大学教务议会正式批准，所有同学必须按规定修满至少 4 门课程方可毕业。全体学生一年级必修“情绪智能”和“体验拓展”；二年级学生要在“义工服务”或“环境意识”课程选修其一，及在“体育文化”或“艺术体验”选修其一；三、四年级还可以选修之前没有修过的课程或“逆境求存”课程。

UIC 学生在射道馆练习射箭。

“艺峯”（Arts Hill）是 UIC 全人教育传统文化体验学习基地，是一个很有中国传统文化韵味的角落，同学们在那里学习古琴、练习射箭。

位于艺峯的射道馆是一间面积近 100 平方米的文物文化展览室，还建有 900 平方米的室外射箭场地（一阳射圃），专供“中华射道”选修课教学以及射道社团训练使用。“中华射道”课程开设于 2013 年，学生在学习传统射箭技艺的同时，也可以锤炼沉静专注、坚毅果断、勇于承担的品格。

同样位于艺峯的，还有不时传来袅袅琴音的古琴馆，现有古琴16张，是全人教育艺术体验课程古琴课的日常授课场所。UIC的古琴课于2014年开设，并成立“南海清音”古琴社。古琴课面向大二学生开授。学生通过古琴演奏技法和心法的习练，于泠泠古音中体悟中华传统礼乐文化之精髓。

UIC师生在古琴馆学习演奏古琴。

雅乐堂位于文化创意群落，UIC 师生常于此处学习并排演古代宫廷雅乐。雅乐泛指古代宫廷音乐，于西周周公时制礼作乐，用“乐”来和谐精神、陶冶情操。UIC 于 2018 年开设了雅乐选修课。通过传承雅乐文化，学生也习得了音乐、历史、文化、人格等方面的修养。

UIC 师生在雅乐堂学习雅乐并排演古代宫廷雅乐。

2019 年 11 月，雅乐团在 UIC 演艺厅上演了《南越雅音》。上图是演出鼓曲《秦王点兵》。

UIC 雅乐团于 2018 年 3 月成立，是岭南地区首个高校雅乐团，所用部分乐器是以广州南越王墓出土的青铜乐器按 1∶1 的比例复制而成，包括编钟、编磬等。

此外，UIC 还有陶艺工作室和玻璃艺术工作室，并开设相关课程。

陶瓷是陶器和瓷器的总称。陶瓷是一种工艺美术，也是民俗文化。中国是世界上几个历史悠久的文明古国之一，对人类社会的进步与发展作出了许多重大贡献。早在欧洲掌握制瓷技术前 1000 多年，中国已能制造出相当精美的瓷器。

在 UIC 陶艺工作室里，师生不仅可以制作属于自己的艺术品，还可以围坐在曲水流觞茶台品茶畅聊。作为种类丰富的选修课程之一，陶瓷艺术课为学生传承和发扬中国传统文化技艺提供了又一途径。在亲手制作陶瓷的过程中静下心来，专注于眼前手捏、拉坯成型的陶艺体验，可以缓解学业压力，放松紧绷的心情。工作室也开设了古法纸艺等艺术体验课程。

烧制、切割……玻璃艺术工作室丰富的制作工具帮助学生完成了玻璃制品从无到有的全过程。在这里，学生们可以当一回了不起的设计师，将不起眼的碎玻璃巧妙地进行图案设计和拼接，创作出属于自己的佩饰、挂件或冰箱贴。

马赛克镶嵌工艺可以充分发掘学生们的巧妙灵感和艺术才华，他们在课上可以对马赛克装饰艺术拥有全面的认识，在老师的指导和示范下，利用彩色石头和有色玻璃等坚硬的材质设计不同主题的艺术作品，如愿挥洒丰富的艺术灵感，体味高雅的艺术境界。

UIC 陶艺工作室。

UIC 玻璃艺术工作室。

除了可以掌握珐琅工艺、马赛克镶嵌等技术外，学生在课堂上还培养了对色彩的认知和审美能力，创作出传统工艺与现代工艺结合的作品。

UIC 也注重西方艺术文化的推广，满足学生多方面的兴趣发展，小提琴、钢琴爱好者都可以在这里得到提升。2011 年，吴清辉校长提议成立 UIC 管弦乐团。同年 10 月，由校园音乐活动总监刘美群女士开始筹备和招募第一批团员，囊括了来自 UIC 十多个专业的音乐精英。在指导老师、指挥家沃克尔·哈尔通的培养和指导下，乐团不断成长壮大。2014 年 4 月，应波兰肖邦文化交流协会邀请，UIC 管弦乐团代表中国大学生赴波兰三大城市巡演，庆祝中波建交 65 周年。2015 年 12 月在 UIC 十周年庆祝晚会上，UIC 管弦乐团和合唱团首次公开献演校歌。2019 年 12 月，澳大利亚新金山交响乐团、UIC 管弦乐团和珠海市第一中学交响乐团在珠海大剧院联合上演跨年音乐会，为市民带来精彩演出。

UIC 管弦乐团及 UIC 合唱团。

2015 年 11 月 20 日晚，UIC 十周年庆典音乐会在珠海大会堂上演。香港浸会大学交响乐团及 UIC 管弦乐团联合演出。

经过实践与发展，UIC 全人教育办公室提供的体验式学习模块由最初的 8 个模块调整为以下 7 个模块：体验拓展、情绪智能、体育文化、艺术体验、环境意识、义工服务、逆境管理，除了关注对内在自我的培育，也关注人与他人、人与社会、人与自然的和谐关系，形成完整的体系。

UIC 学生在大一时都有一门必修课程——全人教育体验拓展课程。在课程中，学生们可以选择基地课程（Base）、水上课程（Water）或野外课程（Wild-ness）。课程旨在培养学生的信任、包容、奉献及团队协作等优秀品质，训练其勇敢面对困难、接受挑战和适应社会的能力。

UIC 的水上课程和野外课程。

基地课程通过室内团建和高空挑战等项目，能够有效地挖掘学生的潜能，提升和强化个人心理素质，激发出学生在团队中更高昂的进取精神和拼搏创新的动力。室外高空是攀爬 4 米毕业墙、8 米钢丝、10 米云梯。

水上课程是通过水上独木舟和 SUP（Stand Up Paddle 立桨冲浪板）项目，借助人工湖、泳池和自然海域等多种环境，使学生在基本技术、协作意识、责任意识、意志力、领导力、思想表达等团队精神和个体能力方面得到锻炼和提升。

UIC 的绿桥环保公益社“守护海岸线”监测活动。

野外课程通过结合校内及学校周边山地资源，设计了一系列具有挑战性的团队和个人项目，引导学生通过体验、反思、总结和应用，从认知、技能和情感三个维度，熔炼团队、提升自我。

体育课的目的，就是让学生们除了会读书学习外，还能够下海划船、高空飞翔、野外爬山搭帐篷。

全人教育暑期项目走进国内的贵州、四川、云南、陕西、青海、内蒙古、宁夏、西藏偏远山区农村，以及国外的泰国、韩国、柬埔寨、日本等地，开展各种全人教育体验学习活动，开阔学生的视野，增强他们对个人、家庭和社会的责任感，以及对国家的自豪感。

为了培养学生的责任心及服务社会的能力，UIC 开设了义工服务、环境意识等课程，同学们还自发成立了许多公益社团和项目组，用灵感和热情践行公益，四季流转，从未停歇。

2010 年，上海真爱梦想公益基金会携手 UIC 开启“梦想教练计划”这一影响深远的公益项目，致力于帮助乡村儿童践行素质教育。UIC 梦想沙伐旅（Safari）公益社自 2016 年起每年都组织招募约 60 名 UIC 学生参与暑期“梦想教练计划”，与一线教师共同开展素质教育。目前，他们的步伐已遍布云南、江西、贵州等全国 28 个省、市、自治区。

2006 年，UIC 学生赴云南省玉溪市峨山彝族自治县和新平彝族傣族自治县开展义工支教服务。

实际上，从办学伊始，“义工服务”就是 UIC 全人教育体验学习课程的重要模块之一，UIC 希望将学生培养成为有责任感的公民。十几年如一日的公益行动，UIC 师生以点滴努力，改变着中国教育。

UIC 学生支教活动很多，但下面的这个故事很有代表性。故事主人公杨睿昕的成长过程，体现了 UIC 全人教育的一种成功。

杨睿昕是 UIC 应用心理学专业 2016 届毕业生。她是同学眼中专业成绩第一的“学霸”，在大学期间，就曾参加国际会议并作学术报告。但她也是别人眼中毕业以后消耗了 5 年青春“不务正业”的人。

谈起大学的生活，杨睿昕深情地回忆道：“我在 UIC 上过很多‘无用’的课，但我一直还记得。我记得在自然观察的课堂上，看着一只巴黎翠凤蝶划过眼前，翠蓝色的亮斑在黑褐色的后翅上格外耀眼。我记得橄榄球课上，黏黏的汗咸味和下过雨的草地潮湿闷热的气息混在一起的味道。我记得在扎染课堂上，耐着性子，一针一针地缝了一下午。最终展开由于染色变得湿漉漉的蓝色布料，布料上因为缝扎留白而出现的那只皱皱巴巴的兔子。我还记得，在合气道因为不许闲聊而显得格外安静的课堂上，回荡着我们摔打在垫子上的声音，规律得让人觉得安心。我知道，UIC 的这些课程其实是‘有用’的，希望我们从自然观察中学习保护自然，在运动中学会团结合作、身心合一，在扎染中了解民俗文化……但我想 UIC 也很希望这些课程是‘无用的’，只是练习幸福，只是收集生活中细碎的闪光瞬间，只是

杨睿昕在云南支教。

在忙碌的生活中体会呼吸的时刻，只是面向美好的事物。”

“当然，请不要误解，对我来说，在UIC生存，依然是需要很辛苦地学习的。能把心理的专业知识转化为实践应用，必然需要极其扎实的基础。大学毕业时能磕磕绊绊地发起与实施项目，意味着在大学里就要有机会试错（比如在消费者心理学的课上，黎伟麟博士要求我们模拟开公司）。”

杨睿昕参加“美丽中国”项目，去大理支教两年，支教地是大理鸡足山镇炼洞明德小学。初到之时，无论是生活上还是语言上，对于她来说都是个极大的挑战。乡村小学师生偶尔用方言交流，完全听不懂的杨睿昕一个字一个字去熟悉，才慢慢摸出了门道，加深了与老师学生的交流，也慢慢融入了当地的生活。

两年中，杨睿昕共带了11个班级，教授了1120节课，其中包括英语课和心理课。能够在乡村小学教授心理课，是杨睿昕之前从未想过的事。在农村，尽管在学校、老师等多方努力下，许多孩子的现实条件还是很难被改变的，甚至有个孩子小学都没上完就要回家放牛。作为一名心理学专业的老师，杨睿昕清楚地知道，自己没有办法改变外面的环境，但至少可以教孩子如何管理自己的情绪，拥有健康的心理状态。“如果有一天你必须要去放牛了，至少我能教你怎样开心地放牛。”杨睿昕说。

于是，她把心理学理论和乡村教学实践相结合，潜心研究和探索，逐步形成了系列“皮皮实心理课”。课程分为两部分，一部分是情绪的自我察觉，另一部分是情绪的管理。“‘快乐和坚强是需要练习的’，这是柏拉图的一句名言。但是，从没有老师系统地教过学生如何去练习。开心、坚强、勇敢，这些也并不是喊喊口号就能学会的。我想要做的就是通过教给同学们情绪相关的知识，让他们学会在面对困难的时候自己有能力站起来。”

两年支教的日子很快结束了，但杨睿昕在乡村儿童心理学教育领域的脚步却没有停歇。为了使“皮皮实心理课”得到传播，让更多乡村儿童受益，2017年杨睿昕与合伙人马利波决定培训乡村教师开展“皮皮实心理课”。他们注册了咨询公司，并组建了一支由心理学专业学者组成的团队。这个团队的工作就是为乡村学校的老师们提供一个简单易行的、有科学依据的工具箱。这个工具箱包括了对老师的线上培训和支持，也包括了教案和其他的一些服务，如教研服务等。

2018年9月，“皮皮实心理课”在9省（湖北、山东、山西、福建、甘肃、贵州、安徽、云南、广东）的17个县镇41所学校开展，共有58位老师和2073名学生参与培训学习。

在追求理想的道路上，UIC的教育和老师的鼓舞始终伴随着她。杨睿昕也未曾忘记吴清辉校长的叮嘱，希望自己能“成为拥有企业家精神的服务型领袖，服务于更多人，成为对社会有奉献、有价值的人”。

支教了几年后，杨睿昕决定继续充电学习。2021年，杨睿昕获得了新加坡南洋理工大学的发展心理学硕士学位。之后，她回到母校担任助教，和老师学弟学妹们分享她这几年的经历。

UIC毕业生这种回报社会、主动支教的事情还很多。比如杨睿昕的师弟、2017届新闻学毕业生钟志豪，毕业后就去广东省梅州市大埔县大东镇中心小学支教。在不到两年的时间里，钟志豪先后担任了三、四年级的英语老师及二年级的语文老师。在高质量地完成课内教学任务之外，他还开展了环保课、健康课、性教育课等课外项目。

全人教育还把香港社会对大湾区的认识和了解联系在一起。

为促进粤港两地青少年交流，自2015年起，UIC每个暑假都会携手香港“青年新世界”在珠海合办“逆流挑战”青年交流夏令营活动。由于这两年的疫情，此活动不得不暂时停止。

“逆流挑战”是香港“青年新世界”举办的全方位培训计划。第一阶段培训于香港进行，约 500 名高中生参加，通过筛选其中 150 多人前来珠海 UIC 参加第二阶段活动。在第二阶段表现优秀的 35 名同学可进入第三阶段，他们将会到厦门及金门进行数百公里的骑行挑战，并进行参观考察和义工活动。

2018 年 6 月 29 日下午，来自香港 59 所中学的 100 名高中生，以及由大专生、社工、教师等组成的义工队伍，共 160 多名参与者来到 UIC 开启珠海站的挑战之旅。他们入住 UIC 宿舍，并在 10 名 UIC 学生义工的带领下参观校园及会同古村，随后还在校内开展活动。担任团长的香港浸会大学二年级学生卢狄奥是第三次来到 UIC。他表示，UIC 新校园带来不一样的感觉，更加现代，场地也更加多元，为实施策划好的活动提供了便利。

2018 年 6 月 29 日，100 多名香港学生和 UIC 学生从 UIC 开启珠海站的挑战之旅。

UIC全人教育的领军人物之一郭海鹏教授。

郭海鹏和何义炜编著的全人教育教材。

在活动即将结束之际，全人教育办公室主任郭海鹏教授为香港学子们颁发了结营证书，并赞赏他们互帮互助的团队精神和勇于挑战困难的决心。很显然，这些经验将有益于他们未来的发展，这段经历也有助于他们对内地的了解。

UIC全人教育的主要推动者之一是郭海鹏教授，他博士毕业于美国堪萨斯州州立大学，之后长期担任UIC全人教育办公室主任、计算机科学与技术专业教授。UIC建校以来很多全人教育课程、活动，都和他的策划分不开。

在全人教育的教学实践中，郭海鹏和同事们还不断总结，编写教材，形成理论，并且在实践中不断完善。令人鼓舞的是，很多毕业同学对他们在UIC体验过的全人教育课程时常引以为傲。自2021–2022学年开始，全人教育课程调整为两大类，一类是以“健康的生活方式”为主题的体育课程，另一类是以拓宽视野、培养多元价值观为目标的体验式学习课程。

18年践行创新，UIC全人教育还在不断前行。

第九章

书院制

前面已经谈过，UIC 住宿实行苑舍制，即书院制。书院是和谐融洽的群体，各有宿舍、活动室及其他设施。书院着重学生的全面发展，通过举办各种活动，使学生们的大学生活更加丰富多彩。

宿舍是学生交流及学习的重要阵地，而大学宿舍文化建设是高校德育教育的重要途径之一。作为一所拥有独特教育理念的国际化大学，UIC 致力于建立一个理性与关怀的生活和学习空间，建设一个传承文化与着眼未来的终身学习型社区，鼓励同学参与社会生活，在课堂外尝试待人接物的生活经验和建立关怀的信念。书院是以其固有的成员为主体，并以此主体为中心展开一系列的社交活动，在活动中相互交流与学习，逐渐形成具有苑舍特色的学习型社交圈。

为了丰富苑舍生活，2017 年开始，UIC 的苑舍个数从 5 个增至 8 个，每个苑舍约有 500 人到 800 人，由不同学系、不同年级的学生组成，每个苑舍拥有 1 到 3 栋宿舍楼。

每个苑舍均设有一个苑舍舍监，他们是苑舍文化的形象及行为表率。来自 UIC 各学部的老师或具有博士学位的职员经面试可以兼任舍监，因为来自不同背景、不同学术研究领域以及不同部门，不仅能为苑舍文化注入舍监独特的个人风格，也为构建个性化及多元化的苑舍文化提供更多的活动拓展资源。舍监与学生事务处每个月会有定期会议，共同讨论苑舍文化的发展方向、年度活动计划以及苑舍特色创新等问题；而在苑舍活动拓展方面，舍监也会积极调动其学术或者社会资源来丰富学生活动的形式和内容。

此外，鉴于舍监的威望及影响力，针对部分违规违纪的学生，如晚归超过3次以上的同学，舍监有责任对其进行面谈教育，给予适当的引导。而对于苑舍学生委员会及学生舍堂导师开展的各类大小活动，舍监也会积极响应并参与其中，发挥其亦师亦友的作用。

舍堂主任由学生事务处指定，是维系舍监与学生舍堂导师、苑舍学生委员会、舍堂助理及宿生的纽带，也是学生事务工作的“驻地前线主力军团”。舍堂主任有一个通俗化的名称，简称“楼主”。之所以称“楼主”，顾名思义，是一个楼栋的一家之主，也是楼栋的“大当家”。在UIC，宿舍楼并不仅仅用来住宿，每个楼栋都包含着自身独特的文化。自2017年正式迁入金同路校区，按苑舍特色来划分，一共有8个苑舍，包括科雅苑、寰雅苑、卓雅苑、文雅苑、智雅苑、博雅苑、创雅苑、德雅苑，每个苑舍用不同的颜色区分，并配备两名舍堂主任参与其文化建设。

舍堂主任是贯彻执行为学生全天服务的主力军，他们每天都会安排职员轮值热线电话，为学生做到24小时无缝对接服务。舍堂主任的日常工作涉及苑舍楼栋内的大小事务。大到楼栋内所有公共设施的管理和维护，如公共空间、自习室等；小到学生寝室的各类维修、硬件问题等都要监管处理。在学生管理方面，每个楼栋配有门禁刷卡系统，如有超过24小时无刷卡记录的学生，则需要及时联系学生掌握其去向。此外，还需要每周跟进学生晚归记录，及时把握学生日常动态。

除了以上提及的日常行政事务之外，舍堂主任还肩负着另外一个使命，即舍监、学生舍堂导师、苑舍学生委员会及宿生的总联络人。作为一线学生工作者，对上连接苑舍舍监，是舍监上下沟通的“执行秘书”；对下连接学生舍堂导师、苑舍学生委员会、宿生，是三个角色的“直接负责人”和“引导人”。

舍堂管理不能仅靠老师，更重要的是能够师生共建。为让更多的同学能参与到苑舍建设中，从实践中锻炼自己，学生事务处每年都会招募新一届学生舍堂导师，每位负责 80 至 100 名学生，每周工作时间不少于 8 小时。

每年，学校都会对新招募的学生舍堂导师进行相关课程培训，培训内容涵盖职责介绍、沟通技巧与相关心理知识的学习，以及苑舍团队活动方案策划经验分享，以此锻炼和提高新晋舍堂导师的工作能力和适应能力。同时，学生事务处还会安排相关急救知识的培训，例如心脏复苏、人工呼吸、烧伤、出血、骨折的及时处理。

目前，苑舍文化传统活动有：苑舍高桌晚宴、苑舍日论坛（大一生和毕业生各一场），以及为了增强苑舍凝聚力的苑际达人赛。此外，每个苑舍也会举办各具特色的小型活动，让苑舍生活更加多元化。

从 2011 年建立苑舍以来，学校一直致力于为学生营造良好的学习氛围和生活环境。十年间，UIC 不仅形成了完整的苑舍管理体系，并逐步发展了多元、丰富的苑舍文化，让苑舍成为了温暖的“家”。

金同路校园学生宿舍楼。

学生从中学向大学的转换不是一个简单的过程，新生入学的第一年在这个过程中至关重要。特别是最初几个月，是学生适应大学学习的关键时期。

导师关顾计划项目（MCP）是UIC的特色项目，由学校老师作为导师，由高年级学长学姐充当“组爸”“组妈”，为新入学的学生提供帮助与支持，使其更快适应大学的生活。这个特色项目里一个组一般配有1名导师，2名朋辈导师，8–14名组员。比如在2017–2018年度里共有143个组，298个朋辈导师。在2018–2019学年，共有290位高年级同学成为新生的“组爸”“组妈”。

来自内蒙古的2015级学生朵日那同学获人文与社会科学学部公共关系与广告学专业全额奖学金。在UIC学习、生活了近一个月后，她谈了自己的大学首月体验：“UIC给我最贴心的礼物，就是朋辈导师。所有大一新生被分为不同小组，在只比我们大一届或者两届的学长学姐的引导下，开启4天的适应性生活。朋辈导师带领我们熟悉校园环境，组织多样的活动让大家相互熟悉，向我们分享学习和生活的经验。他们就像父亲母亲一般耐心、体贴，在学习和生活的各个方面，无微不至地照顾我们。”

2016年9月21日晚，大一苑舍日论坛在师生活动中心举行，吴清辉校长发表演讲。

根据学生事务处的调查结果显示，99%的新生都认为MCP项目为他们的校园生活提供了许多帮助，70%的新生希望在来年成为朋辈导师。对于朋辈导师来说，同样有99%同学认为，他们与MCP小组

2020 年 10 月 15 日晚，大一苑舍日论坛在 UIC 师生活动中心举行，汤涛校长发表演讲。

成员建立了良好的关系，其中，最大的收获是友谊、责任以及组织和管理能力。这些结果表明，该计划取得了显著的成就。

每年的 9 至 10 月份，新学年开始不久，UIC 会举行一年一度的大一新生苑舍日论坛，每年的主题不一样，比如 2016 年的主题是“博雅教育在 UIC：成功学生的良好习惯”，2020 年的主题就是“时间管理与人际关系”。每年的这种场合，校长、院长和舍监都会与新生对话，助力他们度过更多彩、更有意义的大学生活。每次大约有一两百名大一学生参与论坛，并与师长们共进午餐或晚餐。

UIC 的另一大校园文化特色是高桌晚宴。高桌晚宴是从英国牛津、剑桥大学传统的学堂晚餐基础上发展而来。其形式是由服务生服务三道西餐正餐，辅以佐餐饮品及餐后咖啡。高桌晚宴包括各种环节，特别是参加这个仪式的学生都会被要求正装出席。男士均须西装革履，穿长袖衬衣，打领带或领结。女士

2010 年 4 月，资深外交家吴建民为高桌晚宴演讲（左），学生踊跃提问（右）。

应着晚礼服或其他传统晚礼服，如旗袍、汉服等礼服。

正装或许只是一种形式，而形式也是体现精神的不可或缺的一部分。学生们穿上正装之后，行为会不自觉地变得不同，似乎有种瞬间长大了、成熟了的感觉，于是便会对自己的行为举止进行有意识的自我控制，并对他人表示恰当与合适的欣赏与尊重。

除了需要正装出席，高桌晚宴对餐桌礼仪也有较高的要求。如何进餐、如何祝酒、如何与邻座同学打交道以及如何回应，高桌晚宴对于这些方面都有一定的讲究和礼节规定。这使高桌晚宴成为学生们了解西方文化一个很好的方式。同时，有了这样的经历，相信他们参加工作后，遇到类似的场合都能应对自如。

UIC 推行的高桌晚宴是在延续西方传统学堂晚餐基础上，融合了中国传统的书院文化精神。它不仅是 UIC 学生了解世界的窗口，更是学校弘扬国学、关注国情的重要平台。

每次高桌晚宴，都有一位演讲嘉宾。演讲嘉宾人选主要为来自海内外教育界、企业界、政府部门等社会各界知名人士。演讲嘉宾于正餐前进行演讲，主题围绕中国国学、国情、西方历史、文化以及领导才能、发展等内容。学生分批次参加高桌晚宴。每次晚宴规模为一两百人，包括学生、老师、高桌成员和演讲嘉宾。

2017 年 5 月 8 日，工商管理学部举办第 93 届高桌晚宴。

在过去的十多年，很多知名人士到 UIC 发表演讲，包括香港特别行政区原特首梁振英先生，著名作家王蒙先生，著名经济学家厉以宁教授，著名外交家吴建民先生，香港瑞安集团主席罗康瑞先生，北京大学原校长林建华教授，北京师范大学原校长钟秉林教授，香港浸会大学原校长钱大康教授，中国民主建国会中央副主席李敚女士，格力电器有限公司董事长董明珠女士，北京大学燕京学堂院长袁明教授，著名作家韩少功先生，著名文化学者余秋雨先生，著名文化学者于丹教授，香港教育局原局长孙明扬先生，香港教育局原局长吴克俭先生，香港教育统筹局原局长罗范椒芬女士，香港警务处原处长李明逵先生，澳门信德集团董事总经理兼执行董事何超琼女士，首任世贸组织上诉机构大法官张月姣女士，香港会计师公会会长唐业铨先生，东亚银行总经理甘艳美女士，金山软件集团原 CEO 张宏江院士，阿里巴巴副总裁及银泰商业集团 CEO 陈晓东先生，美国明尼苏达州联邦地方法院大法官 Paul Magnuson 先生，毕马威会计师事务所亚太区副首席运营官、毕马威（中国）合伙人 Andrew Thomson 先生，以及著名演员谭咏麟、郑丹瑞、大山等。

2013年，香港艺人谭咏麟做客UIC，分享其背后的故事。

吴清辉校长向著名作家王蒙先生致送纪念品。

上面提到的各界知名人士很大一部分是UIC高桌晚宴的演讲嘉宾。

这里要特别提到的是王蒙先生。王蒙先生是当代中国文坛大家，曾担任文化部部长、《人民文学》主编、中国作家协会名誉主席等重要职务，著有《青春万岁》《活动变人形》等近百部小说，其作品反映了中国人民在前进道路上的坎坷历程。

我在香港浸会大学工作的时候，就曾经主持过他的演讲。他当时给香港浸会大学的研究生作演讲，我还记得他的演讲幽默风趣，现场笑声、掌声不断。他在问答环节妙语连珠，回答问题很有深度。演讲后我们还宴请了王蒙先生和夫人。

王蒙先生对UIC情有独钟，于2012年和2015年两次到访UIC，做了“莫言获奖的案例分析”和“文学面临着什么”等精彩演讲。他在UIC的讲座精彩纷呈，许多师生慕名前来，演讲厅座无虚席，不少同学站着听完近两个小时的讲座，这也成为UIC师生们的美好记忆。

第十章

国际化与家国情怀

UIC 作为国际化大学，国际化交流是 UIC 教学特色之一。除了学校的教学语言是英文外，学校在培养学生方面还有很多国际化的元素。

中外合作办学是新时代中国特色社会主义教育事业的重要组成部分，其特色在于“扎根中国大地办国际化教育”。如何在彰显中国特色的同时，保持国际水准，办世界一流的教育，培养具有国际胜任力的学生，是办学者一直在思考的问题。

从我个人经历来说，接受国际化教育极大拓宽了我的视野，包括学术、文化、语言等方面，让我可以从更广阔的视角去认识、理解和分析事物，对我的学术研究及行政管理能力的提高很有帮助。对于学生来说，国际化教育能帮助学生锻炼独立思考能力，开阔视野，能结识来自不同国家和文化背景的朋友，这对个人成长非常有益。

从更高层面来讲，UIC 一直认为扩大国际交流合作对中国高等教育发展意义重大。历史上有很多知名的留学归国人才，包括“留学之父”容闳，中国现代铁路奠基人詹天佑，“两弹一星”功勋钱学森、邓稼先等，为近现代中国社会、科技、文化等发展作出了重要贡献。

扩大包括中外合作办学在内的国际教育交流合作，有三个方面的重要价值：其一，我们可以拓展优质教育资源，实时了解世界的科技和教育前沿；其二，我们可以培养更多具备国际竞争力的优秀学子，引入更多高层次人才，实现可持续发展；其三，扩大国际交流合作还能有效促进全世界 80 亿人的沟通与了解，重新思考人类的共同命运。

UIC 的国际化首先体现在教师队伍的国际化，学校里的老师有三分之一是像我这样的内地背景，在西方接受过教育或者长期工作过，还有三分之一是港澳台居民，另外三分之一来自其他国家或地区。UIC 这三分之一不会讲普通话或粤语的外国人，对促进校园的国际化起到了重要的作用。学校多位外籍老师已经在 UIC 工作多年，对学校充满感情，对培养学生非常投入，是学校发展的重要组成部分。

UIC 部分外籍老师在珠海体验过中国年。

2019 年的外籍师生中文才艺秀。

UIC 一直致力于为外籍老师营造和谐的生活气氛，让外籍教师们在紧张的工作之余，能够有个轻松的交流环境。为此，学校组织了多种多样的活动，包括“中文才艺秀”、中国白酒文化介绍和品尝、爵士舞晚会等等。这些活动的目的是让他们有更丰富的业余生活，缓解思乡之情。

不同文化背景的老师组成的教学队伍，让学生们不出国就可以得到很好的国际化教育。但让学生们在 4 年学习期间，能走出国门，实地看一看也同样重要。

UIC 已与 50 多所国际知名高校建立合作关系，覆盖欧洲、北美洲、亚洲和大洋洲，包括英国爱丁堡大学、美国加州大学伯克利分校、韩国首尔市立大学、澳大利亚悉尼科技大学等。其中 UIC 海外暑期学习遍布美国、加拿大、英国、奥地利、法国、西班牙、新西兰和韩国等 20 多所海外知名高校，例如美国康奈尔大学、加拿大英属哥伦比亚大学、英国剑桥大学、新加坡南洋理工大学等。

经过选拔，UIC 学生可以前往与 UIC 签署国际交换生合约的海外合作院校，作为交换生学习一个学期。期间学生按 UIC 学费标准向 UIC 支付学费，无需支付海外院校的学费，通过交换学习可以让同学们开拓国际视野，增长见识，拓宽人脉，零距离感受不同国家文化的同时，为将来升读世界名校做准备。

UIC 的学生最后会获得香港浸会大学的学位证书，那么了解香港、了解香港浸会大学就变得非常重要。

2014 年 8 月，十几名 UIC 学子在牛津大学哈特福学院修学课程，图为他们参加学院的晚宴。

2019 年，UIC 学生参加为期一个月的西班牙 ESADE 商学院学习项目。

2014 年，388 名 UIC 学生参加香港浸会大学暑期项目。

2018 年 7 月，为期四周的香港浸会大学暑期课程举行开幕典礼。

自2007年起，除疫情期间外，UIC每年均和浸会大学合作举办浸大暑期课程，UIC学生与香港学生及国际交换生一起学习。暑期课程共提供20多门由香港浸会大学老师授课的课程，供同学们自由选读。UIC每位学生最多可选修其中两门课程，每门课程可获3个学分，获得C及以上成绩将可转为UIC学分。此外，同学们还可以参加近30项课外活动，如参观香港文化博物馆、香港高等法院、立法会、香港银行学会等，深入了解当地生活与文化。

中外合作办学的特色是引进境外优质教育资源“为我所用”。UIC认为，首先要立足本土、立足中国国情。一些中外合作办学机构和项目早期直接移植境外校方的管理模式，会出现水土不服的情况，需要一个磨合、理解、适应的过程。其次，合作双方都要有开放包容的姿态，尊重各自的理念，按照教育规律办学，这样才能实现办学模式的完美融合。

与多数研究型大学不同，UIC致力于建设一流的博雅型大学，体现在既重视育人，使学生思想活跃、善于学习，具备深耕专业领域和跨学科发展的能力，同时也积极探索中外合作办学机构开展思政课的新途径，厚植学生的家国情怀，在爱国的基础上，引导学生形成全球视野和卓越的跨文化交流能力。

UIC的校训是“博文雅志，真知笃行”。其含义就是希望学生“博学于文”，广泛涉猎人文、艺术、社会和自然科学等一切有用的知识，由此陶冶情操，培育志向，完成人格精神的内在构建，这是新时代博雅教育的育人基础，也是UIC学子成人成才的必然要求。

为了做到扎根中国大地办学，UIC一直坚持推行国情国学教育。在创建之初，UIC的开创者们认识到，在教育全球化的时代，在教育方式、理念和资源充分国际化的同时，也必须回应本土的、民族的和国家的社会发展需要。作为一所在中国历史发展新进程中创建的新型大学，UIC要培养既具有国际化的眼光和能力，又有中国根基的高素质人才。一个合格的世界公民，必须是一个优秀的国家公民。

为什么要坚持国情国学教育呢？中国走一条怎样的发展道路，是由国情决定的，而中国人如何走这条道路，国学中所蕴含的传统文化基因又有着巨大的影响。中国人民能不能探索出一条适合于自身发展的道路，取决于国人对于国

2011 年 4 月，冯燊均给 UIC 学生颁发奖学金。冯先生捐款 1000 万港元支持 UIC 的国情国学教育。

2018 年在金同路新校园，冯燊均先生（前排右五）出席第 22 届国情国学教学研讨会。

情的认识水平，以及深厚国学根基的承托。传统文化的深厚资源与思想政治教育应是互渗相融的关系，这种相融不是理论的空谈，而是要体现在新的教学理念的实际建构上。

2006年，香港著名爱国实业家、慈善家冯燊均先生参观完刚成立的UIC后，非常赞同学校的博雅教育理念，因此决定捐款1000万港元支持UIC独具特色的国情国学教育，其中700万港元设立国情国学教育基金，开展国情国学教育活动；300万港元设立“冯燊均先生国情国学教育优秀学生奖学金”，每年选拔12名品学兼优、在国情国学教育中表现优秀的UIC学生，每人每年奖励1万港元。

在国情国学教育基金的支持下，UIC开展了一系列国情国学教育活动，包括举办了26届“国情国学教学研讨会”，14届“中国文化创意大赛”，40多场“国情国学教育系列讲座”，12届“国学研习营”等。国情国学教育基金有力地推动了UIC的传统文化教育和博雅教育。

为了进一步推动学校的国情国学教育，2016年12月，UIC成立了中华文化传播研究院。研究院由校董会主席许嘉璐倡议建立，旨在立足当代中国社会现实，以UIC为基地，坚持全球视野和开放性学术思维，通过多种形式创造性地开展教学、研究、文化活动，服务国家文化发展和传播战略。在扩展国际视野的同时，研究院还与UIC的教育密切联系起来，为UIC的未来发展服务。许嘉璐先生亲自担任研究院创院院长。

2016年12月，UIC成立中华文化传播研究院。

许嘉璐在揭牌仪式上表示，五千多年的中华文化博大精深，以无数的形态存活和呈现在我们的日常生活中，并用实践证明了它是人类生存发展的智慧结晶。如今世界文化的多样化发展也需要我们的加入，对祖先留下来的如此宝贵的民族文化，我们要以传播和传承为使命，探索最有效的话语体系、表达形式以及传播渠道，努力让中华文化走向世界，被更多的人知道和认可。作为一个与国际密切接轨的学校，UIC有义务率先肩负起传播的责任。

在各种富有仪式感的活动当中，高桌晚宴、大学敬师礼、成年礼等沿袭了中西方传统文化的活动交相辉映，为UIC校园文化增添许多色彩，也成为师生关系的美好见证。每年秋天，由全人教育办公室主办的UIC大学敬师礼都会举行。

一杯清茶，一声鼓响，“明理崇德，尊师尚学”的精神在此间传承。

“风声雨声读书声声声入耳，家事国事天下事事事关心”。千百年来中国的知识分子就是以天下为己任，“达则兼济天下，穷则独善其身”。读书的目的不仅是为了个人的自由与幸福，更是为了天下苍生的福祉。所以，书本上的知识是学不完的，而学生在大学阶段需要明确人生的方向。

上中国文化课有什么用？总是会有学生提出这样的问题。越是物质高度发达的时代，人们越是难逃功利化的宿命，有用与无用也就成为人们评判事物价值的标准。可惜的是，不少人理解不了“无用之用乃为大用”的境界，对每一个现代人而言，物质世界与精神世界同样重要。如何在文化中汲取营养，如何从读史中变得睿智，这是UIC引导和教育学生的一个重要方面。

习近平总书记指出，一个国家、一个民族的强盛，总是以文化兴盛为支撑的。没有文明的继承和发展，没有文化的弘扬和繁荣，就没有中国梦的实现。中华优秀传统文化是中华民族的突出优势，中华民族伟大复兴需要以中华文化发展繁荣为条件，必须大力弘扬中华优秀传统文化。

活跃于校园文化的 UIC 民乐团、雅乐团和舞狮队。

2020 年 10 月，UIC 第七届敬师礼于演艺厅举行。学生奉茶行礼，向师长表达敬意。

习近平总书记的话充分说明了文化传承对一个国家的重大意义。如果一个国家的教育不能够珍视和尊重自己本民族的文化传统，构建本民族的精神生活空间，就无法延续历史文脉，更无法形成生生不息的文化生命力和创造力。

UIC 学生演出的《殉法者》，韩非子与李斯在秦王面前相持不下。

UIC 学生演出的《山雨欲来风满楼》，再现了辉煌的建党历程。

UIC 的教育理念重在激发学生对传统文化的深入思考与创意，而非被动接受，因此与课堂教学相配合，UIC 还举办文化创意大赛、创意征文、创意 DV 大赛等。以一年一度的中国文化创意大赛为例，它是由课堂向课外延伸的一种创意教学。在课程学习中，各专业的学生按照个人志趣，由五六个人自由组成学社，结队参加舞台剧表演。

学生们在课堂学习国情国学知识的基础上，将自己对中国文化历史的反思，对当代社会焦点问题的关注，以舞台短剧的形式展现出来，极大地锻炼了他们的创意才能。例如，在 2019 年第 14 届中国文化创意大赛中，来自大一财务管理专业的《殉法者》再现了韩非子在秦国寻求变法，最终以身殉法的悲壮经历，战国形势的云谲波诡、变法志士与保守势力之间的博弈都被他们生动地呈现了出来。而来自大一公共关系与广告专业同学的作品《山雨欲来风满楼》再现了中国共产党波澜壮阔的建党历程。星星之火，可以燎原，通过演出回顾百年前的这段历史，使同学们更加珍惜今天来之不易的幸福。

2021年12月，由教育部港澳台事务办公室主办、复旦大学承办的“2021年内地高校港澳台学生中华文化知识大赛”落下帷幕，UIC2018级影视学专业房露烨（香港）、2018级文化创意与管理专业李浚铃（香港）、2021级应用数学专业邵玮芃的原创诗歌朗诵作品《新人行·建党百年献华章》在决赛中荣获优异奖。本次大赛历时3个月，经初赛、复赛选拔，UIC、中国人民大学、复旦大学、中国传媒大学等20所高校的参赛队伍晋级总决赛。大赛旨在落实传统与现代相结合的理念，围绕中华文化，关注古典与近代诗文，结合现代音乐舞蹈模式，运用音视频等当代技术，演绎诗词、文学作品，在传承并弘扬中华优秀传统文化的同时，促进港澳台学生与内地学生之间的文化交流，增强港澳台学生的国家认同感、历史责任感和文化自信。

“2021年内地高校港澳台学生中华文化知识大赛”UIC团队。

UIC还举办以传播和学习国学为主的“国学研习营”，比如庐山国学营、齐鲁文化国学营、中原文化国学营，以及阳明国学营等，学生在跟随名师研习学问的过程中，不仅游览风景名胜，凭吊历史文化名人，更学会用批判的思维传承民族传统，弘扬中华文化，延续文化的命脉与精髓。

既有国情国学教育，也开设汲取古代六艺精髓的全人教育体验课程，还举办许多知识讲座，让师生们全方位地深入了解中国历史文化。

在UIC，外国师生也有很多接触和学习中华文化和艺术的机会。他们不仅可以系统地学习中文，还可以学习书法、古琴、舞龙舞狮等。Jacob Algrim是

UIC 英语语言中心的一名讲师，在朋友的帮助下，他给自己取了一个优雅的中文名字——欧阳乐士。在学校任教的 5 年间，他从基础开始学习中文，如今已能流利地用中文与人交流，并在备考中国汉语水平考试的最高等级 6 级。

在不断实践中，UIC 也在积极探索思政课的建设。学校意识到，办好思想政治理论课关键在教师，关键在发挥教师的积极性、主动性、创造性。思政课教师给予学生的不应该只是一些抽象的概念，而应该是观察认识当今世界和当代中国的立场、观点、方法，激发学生的思考，帮助其形成系统科学的思维，最后促进学生形成真正属于他们自己的思想，将小我融入大我。

思政课还推出多种多样的形式，包括校长思政课、博雅大讲堂等，演讲者包括原珠海市委书记郭永航、珠海市长黄志豪、北京大学原校长林建华等，他们精彩的演讲赢得了师生们的热情参与，有时演艺厅里连过道和舞台上都坐满了认真做笔记的学生。UIC 的校长、书记、副校长也多次给学生主讲思政课。

把国情国学融入课程建设也是 UIC 的一大特色。

2021 年，“传播学基础”课程入选广东省教育厅公布的省一流本科课程名单。“传播学基础”课程开设于 2009 年，原为公共关系与广告学专业的必修课程。十年磨一剑，2018 年，结合国内外传播事业的发展趋势，以及“十三五”时期数字中国发展建设目标，该课程改为面向传播学大类大一新生开课，并实现了从基础型课程向平台型课程的转变。

在课程设计上，坚持打造以“和”为思想基础的中国式传播学课程。基于中国传统文化中的“和而不同”，指导学生在学习过程中求同存异，并深入理解“和”作为传统文化如何在社会中进行传播，从而建立既有中国特色又兼具国际化的传播学课程。课程以人际关系作为切入点，结合生活实例引入传播学理论，内容引人入胜。

2019 年 9 月，汤涛校长以“七十年历程与时代使命”为题，开讲校长思政第一课。

“传播学基础”课程主设计人及主讲教师为人文与社会科学学部公共关系与广告学助理教授、传播学文学硕士（传理学专修）课程主任 Lim Chai Lee（林彩丽）博士，她是一位马来西亚华人。林博士的“大众传媒写作在线混合趣味教学”荣获广东省本科高校在线课程类案例二等奖，其“视觉传播导论”课程获批广东省教育厅“冲补强”学科课程建设与教学工程。由于在教学实践中的突出贡献，林博士荣获 2019–2020 学年 UIC“校长奖 – 杰出教学奖”。

第四部

再发展

第十一章

独立校园

UIC 建校之初，由北京师范大学提供约 200 亩土地为期 30 年的使用权，由香港浸会大学提供 1.2 亿港币作为开办费并建设教学楼，迈出了首家内地与香港合办大学的第一步。2017 年，经友好协商，UIC 将土地提前交还给北师大，将教学楼转让给当时的北师大珠海分校。另外，从 2008 年开始向开发商租用的文化小镇宿舍也提前在 2017 年 7 月前腾空，连同 UIC 建设的其他设施转由北师大珠海分校使用。

2017 年 9 月，UIC 从金凤路搬到了 3 公里之外的金同路，拥有了自己的独立校园。创校第一个 10 年，UIC 一直在为拥有自己的独立校园而努力，然而进展不大，直到 2014 年，此事才有了转机。

2014 年 6 月 20 日，珠海市人民政府与 UIC 合作协议签约仪式暨新校园奠基典礼举行。UIC 获得珠海市政府提供的唐家湾会同古村旁的 300 亩土地用于新校园建设。出席签约仪式的嘉宾有第十届全国人大常委会副委员长、UIC 校董会主席许嘉璐教授，珠海市市长何宁卡，广东省教育厅副厅长郑庆顺，珠海市副市长龙广艳，教育局局长钟以俊，高新区管委会主任杨川，北京师范大学校长董奇，香港浸会大学校长陈新滋，UIC 校长吴清辉，等等。

龙广艳副市长与吴清辉校长分别代表珠海市政府和 UIC 签署合作协议。

山海相拥、陆岛相望的唐家湾镇，是我国首个以近代历史遗迹申报历史文化名镇成功的古镇。百年的唐家湾镇，保留下了海洋文明、岭南文化、中西文化、留学文化、革命文化等丰富的文化遗产。得风气之先的珠海是中国近代出国留学的发祥地。珠海的容闳和黄宽分别成为中国毕业于美国和英国著名大学的第一人。而当时出国留学最为集中的地方就是唐家湾的唐家村。据统计，从1872 年到 1875 年，清朝选派聪颖幼童共四批 120 人赴美留学，整个珠海地区有 23 人，唐家湾就有 14 人，其中 7 人来自唐家村，包括民国首任总理唐绍仪。

说起中国现代高等教育，首先想到的就是出自唐家湾的唐国安，他是清华大学的首任校长。另外，唐家湾走出的唐绍仪是复旦大学创始人之一，还是山东大学首任校长；梁如浩任过唐山铁路学堂（西南交通大学前身）首任校长，并担任过北洋大学校长；蔡廷干担任过全国税务学校校长；唐元湛曾任同济大学校董、复旦大学校董，代理过复旦大学校长。今天的唐家湾，教育传承风尚依然，在这130平方公里的土地上，孕育了北京师范大学珠海校区、北京师范大学－香港浸会大学联合国际学院、中山大学珠海校区、北京理工大学珠海学院等多所高等学府。

到珠海履新之后，我开始使用学校的通信地址“广东省珠海市唐家湾金同路2000号”，渐渐了解了唐家湾和西方教育的渊源，方才发现UIC这所中西合璧的大学落户唐家湾是历史的巧合。

2015年8月，会同新校园开始平整土地。2017年9月，全校师生迁入位于金同路2000号的会同新校园。

经过精心设计的新校园很漂亮，20多万平方米的建筑呈三维结构，地面可以看到大学会堂、体育馆、图书馆、办公楼、宿舍，地下还藏有教室、活动室、餐厅、商场、车库。这种设计特别适合南粤的天气，通过地下的楼层，行人很容易避开烈日和暴雨。学校内有小湖，外倚青山，衔山抱水，浑然一体，很有特色。

新校园紧邻唐家湾古村会同村，百米之遥。会同村可能是珠海保存最完好的近代村庄。当你到访会同村，悠闲地走在古老的祠堂前、穿越在小巷里，你会感受到宁静的村子里似乎蕴藏着一股深厚的力量，就像一首清新隽永却又充满生机的现代诗。

据会同村史馆介绍，在清雍正十年（1732），莫、鲍、谭三姓人家约定自不同地方会同一起到该地建村。会同村的三姓人员中，唯莫氏发展成为最大一族。在近代，莫仕扬、莫藻泉、莫干生祖孙三代在香港主理太古洋行，经历了从1870年至1935年的漫长岁月，为促进我国航运、制糖工业的建立以及外贸交往，发展商品经济，培训工商人才，都起到过特殊的作用。同时，他们将西方

会同古村的主街道。

物质文明成果介绍进来，也促进了内地经济的发展。莫氏家族在太古洋行一度风生水起，小小会同村，出了上百个“经理”，以至外界曾戏称太古洋行为“莫氏家祠”。莫仕扬和后代也积极回馈家乡，修桥、铺路、建祠堂、办学校，让会同村步入了“潮流前线”。

莫氏家族素有重视教育的传统。莫藻泉的儿子莫干生大力资助教育事业，他给香港大学捐款成立太古机械工程学院，设立太古讲座教授席，也是九龙塘民生书院创办人之一。莫藻泉的另一个儿子莫应溎，于伦敦法学院和剑桥大学经济系毕业，并取得大律师资格，他在 1950 年提议并促成中华人民共和国国旗在香港华商总会（现为香港中华总商会）升起，却因此被港英当局宣布为“不受欢迎的人”，限令 48 小时内离境，于 1952 年 9 月离开香港回到广州。1985 年，莫应溎被委任为《中华人民共和国香港特别行政区基本法》起草委员会委员，为香港回归祖国奉献了他的力量。值得一提的是，著名男高音歌唱家莫华伦就是莫应溎的嫡孙。

2014年，珠海市人民政府划拨会同村部分土地供UIC建校园，会同村的发展开始和大学更紧密地融合，“大学小镇”的概念在珠海也显露雏形。由于历史上会同村与香港地区的紧密联系，以至于当UIC准备在古村的隔壁兴建校园时，村民表现了极大的热情和支持，使校园建设的推进非常顺利。

连接UIC和会同村的金同路，原是两车道的乡村道路，伴随UIC一期校园的建设，珠海高新区考虑到UIC的发展，同步开展对金同路改扩建，高标准建成四车道市政道路。会同古村大规模、系统性、保护性开发，也是因UIC而起。

“大学小镇”的概念，在欧美并不陌生，这也是许多欧美名校采用的方式，很多名校所在的小镇，因大学而兴，伴随着大学发展而声名远扬。牛津、剑桥就是这个理念的典型代表。在近代，英国因大学盘活小镇的例子就有很多，大学带来了很多年轻人的面孔，带来了青春活力。比如英格兰中部地区的华威小镇，它是一个完全依靠华威城堡而建立起来的小镇，尽管没有发达的商业设施，但安静整洁、风光怡人。创立于1965年的华威大学，使华威小镇闻名世界，而经过半个世纪的发展，华威大学已是世界百强名校、英国著名学府。

金同路新校园坐落于得天独厚的山水环境之中，以“大学小镇”区域概念而规划。设计师最大限度地利用自然水体配合绿化带，设计了一个湖光山色、学生为本的校园，并在节能、通风方面均有良好的处理。设计师为UIC量身定做的教学楼、文化创意群落、学习资源中心等每个建筑单体都充分融合了功能空间及使用的特点，博雅教学理念贯穿于建筑设计中，以创新的校园空间为莘莘学子开拓博雅教育的新平台。

新校园的设计团队仍然是来自香港的吕元祥建筑设计事务所团队，他们精心打造的这个300亩校园，两年后，其设计获得了香港建筑师学会两岸四地建筑设计大奖。

UIC 金同路校园鸟瞰图。

建筑设计师在对校园的整体规划中，充分融合自然地理条件和大学各项功能要素，创造“绿脉”和“水岸”作为校园空间主线，依据地形布局建筑体量，将基地外围的连绵山峦作为背景，形成与自然最大化连接的校园空间。规划设计还充分体现博雅教育理念的需求。教学楼、学部综合楼、学习资源中心等公共资源围绕中央绿化带建设，形成以学生为中心，宿舍区和教学区交替排列的建设格局，使同学们的学习、生活更为便捷。独栋的文化创意群落让博雅教育不可或缺的音乐与艺术有了栖身之所。

“绿脉”东西向贯穿校园的主要教学区，利用基地原有的平缓坡度，加以改造为多层次的公共空间，并以平台花园和屋顶绿化与基地自然绿植环境无缝衔接。既是校园中心枝繁叶茂的“绿脉”，也是师生聚会活动、交往沟通的广场和庭院。

UIC 图书馆（图左）和人工湖（图中）。

“绿脉”两侧排列着大学的主要教学建筑，包括UIC的人文社科学部、工商管理学部、理工科技学部的教室、实验室以及办公室。建筑的主要朝向都面向“绿脉”空间，既对校园内部的公共活动形成关注，同时也令郁郁葱葱的绿色景观渗入教学楼室内。连接各教学楼的连廊和地面学生街也沿着“绿脉”延伸，构成校园动线的主干。“绿脉”向西通向已建成的一期宿舍区，在那里与原有的山体绿化融为一体，并继续延伸至西邻的会同古村。“绿脉”东端止于校园的核心景观——图书馆及中央水景广场，在那里校园主要公共空间的主题由绿化广场转向滨水平台。

UIC校园人工湖里面校友赠送的天鹅。

“水岸”源自于基地原有的鱼塘，这些水质优良的池塘经过建筑师的妙手，成为UIC校园的点睛之笔。从校园的主入口，经过缓缓上升的坡道，便可抵达开阔疏朗的入口广场。视线从入口广场继续向前延伸，所见便是一片宽广的湖面，中央是方正的水景广场，西侧是设计独特的图书馆以及其后缓缓延伸的“绿脉”，东侧便是一直向山谷深处延伸的“水岸”空间。清澈的水面倒映着错落有致的建筑，这里是UIC文化与创意学部的教学区，艺术、演艺的独特空间需求，使建筑特色鲜明；而参差的平台和露台令室外美景与室内艺术氛围情景交融，相互延伸，营造出UIC浓郁的艺术氛围。

对于UIC的校园建筑，建筑师结合当地的岭南建筑文脉来适应基地所在的环境，同时也令建筑空间充分支持UIC现代博雅教育对学生全方位的关注和培

UIC 校园傍晚风景。

UIC 宿舍区一角。

养。设计师们从邻近会同古村的空间肌理获得灵感，借鉴广府民居三间两廊的棋盘式格局，建立宿舍区和教学区的建筑布局秩序。宿舍区 L 型的大楼围合出若干院落，为学生创造安静、安全，充满归属感的居住氛围。而院落组团之间则是联通山林和校园“绿脉”的绿化廊道，让学生宿舍被新鲜空气和葱郁植被所环绕，在南方湿热气候中努力营造舒适宜人的住所。

位于宿舍区和“绿脉”核心之间的教学区建筑布局也颇有秩序感，同时，面向“绿脉”的建筑之间略微偏转的角度，又创造出富有变化的空间。每栋教学楼都综合设置教师办公室、教室、实验室以及大教室。教学楼底层架空，与下沉庭院一起成为“绿脉”之中的公共活动往教学区内的延伸，教学楼之间还有连廊相接，并附设有交往休憩空间。学生们可以在教学区的各个层面上自由游走于不同的学院之间，使用各种功能空间，促进不同专业背景的同学之间的交往，充分体现 UIC 关注每个学生各方面潜质的全面发展。

在 UIC 校园的办公区，有一条不成文的规定：尽量不打隔断，促进师生互动交流。这条“规定”起因于博雅教育的要义：文理兼通、教学相长。吴清辉

UIC 教学楼一角。

校长一直强调，希望通过消除有形的隔断，打破各学部和各部门间无形的阻隔，促进教学的整合与融合，在 UIC 形成良好的学术和管理的氛围。

经过两年的施工建设，一栋栋建筑从规划蓝图上拔地而起。2017 年 9 月，6000 余名师生员工全部迁入到新校园。

很多 UIC 人都记得那感人的一幕。在金凤路的 UIC 学习资源中心即将完成自己的使命，其中所有的藏书即将搬运到位于金同路的新馆。

2017 年 12 月 6 日下午 3 点，一场别开生面的“书香传承——手把手千人传书”活动在龙狮队激昂的锣鼓声及震撼的龙狮舞中拉开序幕。装有 GPS 实时定位功能的第一本书由学生递给吴清辉校长，传书活动正式开始。

书香传承——手把手千人传书。

3.5 公里的距离，连接的是 UIC 新旧学习资源中心；逾千名 UIC 师生，800包书人手相传，传递的是UIC的文化韵味及正能量。

来自大一心理学专业的冼梓敬同学表示："这次的千人传书非常震撼，hand in hand, book by book能显示同学们的团结一致，从旧校园一路传承的是知识，是力量。"

金同路校园门口的校名石。

文化创意群落外景。

金同路校园总建筑面积约 26.4 万平方米，其中教学区域建筑面积约 19.5 万平方米，是金凤路教学楼建筑面积的 5 倍。连同会同村提供 67 亩土地建设的第一期新宿舍，整个校园建有 15 栋宿舍楼，还建有大学会堂、演艺厅、体育馆、学习资源中心、文化创意群落等较大型设施。

金同路校园的学习资源中心外景（上图）和内景（下图）。

教室内景和宿舍内景。

为方便大家辨识，新校园各栋建筑物都有属于自己的编号。在编号方面，教学区建筑物以 T 开头，包括 T1–T8、T29；宿舍区即博雅小镇，由会贤邨和大同邨组成，建筑物以 V 开头，包括 V15–V29。

校园建筑物和主要道路是大学文化的重要载体，除了编号，UIC 也为其进行文化命名，既可彰显学校的教育理念和校园文化，又可方便师生的学习、生活和工作。校园主要道路为“大学道”“明德路”“亲民路”“至善路”，出自儒家经典《大学》开篇第一句：“大学之道，在明明德，在亲民，在止于至善。”

博雅小镇（宿舍区）分为“会贤邨”与“大同邨”。“会贤邨”包括编号 V23–V29 宿舍楼，以中外历代贤者进行命名，寓意贤者会聚于此。经工作小组讨论，决定以西方三大文学家歌德（德）、雨果（法）、莎士比亚（英），中国宋、明、清三大文豪及思想家苏东坡、王阳明、曹雪芹，以及近代“留学之父”容闳为建筑物命名。

V15–V22 宿舍楼为“大同邨”，寓意不同思想文化互相借鉴、兼容并包，共筑中国梦。其中 V15–V18 命名为“仁爱楼”“抱朴楼”“明心楼”“尚贤楼”，分别体现儒、道、释、墨的中国传统文化。V19–V22 4栋宿舍楼则以UIC校训“博文雅志，真知笃行”分别命名。

UIC 教学区。

教学区包括9栋教学楼，编号为T1–T8和T29。其中，T1命名为“厚德楼”，寄望学子具有高尚的品德和包容谦虚的心态，工商管理学部的办公室设在这里；T2取名“人文楼”，寓意以人为本的价值观，设有人文与社会科学学部的办公室；T3取名“格物楼”，源自《大学》：“致知在格物，物格而后知至”，代表不断探索的科学精神，理工科技学部的办公室坐落于此。

2017年6月，毕业典礼暨荣誉院士颁授典礼首次在新校园的大学会堂举行。

在吴清辉校长眼中，入驻新校园当然不是简单的搬家，“一路走来，UIC 跟同学、老师、校友和家长共同成长，然而因办学空间不足带来的制约也越发明显。增加办学用地是我们多年来的心愿。新校园将有更完善的设施和条件，以促进教学、科研、师生互动和多学科协作，为 UIC 跻身一流博雅型大学，创造发展契机，留出发展空间”。

新校园的完工，最使师生们振奋的是以后每年毕业典礼可以在学校的礼堂里面举行了。

2017 年 6 月 16 日，UIC 举行第九届毕业典礼暨荣誉院士颁授典礼，千余名学生学成毕业。以前的毕业典礼都是在临时搭建的场地里面举行，这次 UIC 的毕业生可以在自己校园的“大学会堂”里参加毕业典礼了。

香港浸会大学的大学会堂。由正门通往大堂入口的宽阔梯级，成为会堂的独特标记。

大学会堂这个名字沿用的是香港浸会大学的“大学会堂”的名字，后者常被香港浸会大学的人称为 AC Hall。

20 世纪 60 年代末期，香港浸会大学前身香港浸会书院的第一任校长林子丰博士提出兴建一个大专会堂，作为举行各类学校典礼之用。1970 年，他捐出 50 万港元用于兴建会堂，并由香港著名建筑师甘铭负责这项建筑工程，后期装修设计改由吕元祥建筑师事务所负责。1971 年，林子丰博士在工程展开前逝世，因此校方为纪念他的贡献，决定扩大礼堂的规模，兴建林子丰博士纪念大楼。校方希望该会堂落成后，能够成为大学和邻近小区的文化中心。

大专会堂于 1978 年 5 月启用，与香港中环大会堂、铜锣湾利舞台三足鼎立，成为香港三大表演场地之一，长期星光熠熠，也是一代香港人的记忆。加上大专会堂与广播道“五台山”为邻，全场可以坐 1346 名观众，因此好多电台、电视台的主打节目都在大专会堂举行，经典的《欢乐今宵》曾做现场直播，20 世纪七八十年代的著名歌星都曾踏上大专会堂舞台，一时成为“巨星摇篮”，包括许冠杰、梅艳芳、Beyond、邓丽君、张

1981 年，在香港浸会学院大专会堂演出的广告。

UIC 第十届毕业典礼在 UIC 大学会堂举行。吴清辉校长为学生颁发毕业证书。

国荣、林忆莲等，连国际巨星 Air Supply 都曾在大专会堂出场演出。

直至 1983 年位于九龙红磡的香港体育馆落成后，大专会堂的地位才逐渐被取代。随着香港浸会学院于 1994 年升格为香港浸会大学，大专会堂改名为大学会堂至今，会堂逐渐成为中小型音乐会、古典音乐会、讲座等举行的场地。当然，每年一度的香港浸会大学毕业典礼也是在此举行。从 2009 年开始，除了疫情期间外，UIC 的毕业生每年也会到香港浸会大学的大学会堂领取学位证书。

2018 年 6 月，吴清辉校长在毕业典礼致辞中说道："从 2009 年至今，我一共送走了 10 届毕业生，总数刚好接近一万人。在中国文化里，'万'字往往颇具意义，对我而言，它既意味着圆满节点，也预示着万象更新。"

这也是他向全校师生释放即将离任的信息。

第十二章

第二任校长

2018 年 11 月 17 日下午，UIC 毕业生和他们的亲友们参加了第 59 届香港浸会大学毕业典礼 UIC 专场。

在其后的毕业生欢送会上，香港浸会大学校董会主席郑恩基动情地说："我想借着今天的毕业典礼，感谢即将退任的吴清辉校长，他多年来对 UIC 作出了很大的贡献，鞠躬尽瘁，我们欠你很多。自 UIC 建校以来，吴校长一直不遗余力地推动其发展，UIC 能取得今天骄傲的成就，他是功不可没的。这几十年来，吴校长无论是对浸会大学、香港还是对中国的高等教育，都有很大的贡献。我由衷佩服他。"

郑主席说此话的原因是，由于年龄原因，在香港浸大校长位置上工作 10 年，在 UIC 校长位置上工作 14 年的吴清辉校长将于 2019 年 2 月荣休。

2019 年 3 月 9 日，UIC 为创校校长举办荣休晚宴。图左是吴校长夫人郭蜀华。

2019 年 3 月 9 日，UIC 为创校校长吴清辉教授举办

吴清辉校长荣休晚宴现场。

荣休晚宴。近 300 名嘉宾、校友、家长、同事和学生共献祝福，场面十分动人。

晚宴主题是“我与 UIC 的 15 年”。因为 15 年前的这一天——2004 年 3 月 9 日，吴清辉教授代表香港浸会大学，钟秉林教授代表北京师范大学，双方签订合作办学协议，成立中国首家内地和香港合办的大学，也是内地第一所新型博雅大学——UIC。

从第一届录取 274 名新生，到十届近万名校友遍布于世界各地；从完善本科教育，到研究生院成立；从金凤路校园，到金同路新校园，吴清辉教授为 UIC 的发展作出了巨大的贡献。2019 年 1 月底，他正式卸任校长一职，但他与 UIC 的故事并未结束，他与教育的缘分仍在继续。我在晚宴上很高兴地告诉大家，吴清辉教授已应邀出任学校发展顾问，继续为 UIC 的未来出谋献策。

2018 年年初，郑恩基主席开始多次接触我，告诉我因为年龄原因，吴校长即将离任，校董会正在积极寻找 UIC 的第二任校长。遴选委员会认为我是一位合适的接班人，希望我能够考虑并且接受。

对于校董会的认可，我非常感激，我对浸会大学是很有感情的，我参加了学校数学系、理学院、研究生院的发展，在学校里还有很多朋友。对 UIC 我也深有感情，毕竟我是看着它长大的。

但让我 2018 年就去 UIC，我又有顾虑，当时我正在南方科技大学任职。

我于 2015 年应陈十一校长之邀，加入南方科技大学。当时，由于各种原因，南科大发展并不顺利，在我眼里，是一个并不成功的初创大学。但我对陈十一这位新校长还是有信心的，他学问好、有人脉，还有丰富的国内外办学经验，和他共事一定会学到很多。

教育家陶行知先生曾说过："校长是一个学校的灵魂。要想评论一个学校，先要评论他的校长。"教育家叶圣陶先生也讲过类似的话。当时南科大正面临学校基建、办学费用、师资聘请、办学方向、课程设置、招生、教学管理、博士点申请等挑战。这些事情大多需要校长亲力亲为，办学者步履艰辛，但也是最好的实践场所。和一个杰出的校长搭档，是人生一个难得的机会。

鉴于以上的想法，我经过再三思考，决定辞去我在香港浸会大学理学院院长的职务，加盟南方科技大学。在南方科技大学工作的几年间，陈校长对我非常信任，把很多重要的岗位交给我，给我锻炼的机会。我觉得那是收获满满的几年，一段重要的人生阅历。

我的第一个位置是科研副校长兼研究生院院长。2015 年，陈校长告诉我，现在南科大最大的挑战是申请博士点，没有博士点，学校就不可能是研究型大学，也就不可能吸引和留住国际知名学者在南科大工作。

申请博士点，听起来简单，但是做起来绝对困难。2015 年前，新增博士点的专业，需要培养过 5 年的本科生和 5 年的硕士生，这也就是说，至少有 14 年的办学历史，才可以有资格申请。

所以第一步是如何突破 14 年的硬标准。这个过程是非常艰苦的。作为新建立的研究生院的院长，我很荣幸有一个不怕苦、有能力的团队，特别是战斗在第一线的王扬副院长，当时申请资料动辄上千页，研究生院这些年轻同事们花费的时间和精力可想而知。

还记得陈十一校长和我不断地去教育部沟通，多次早上离开深圳，下午汇报，晚上飞回深圳。

功夫不负有心人。2017 年，教育部相关部门对博士点的入门条件，作了与时俱进的适当改进，规定博士点的申请单位“原则上应已获得硕士学位授权 8 年以上。拥有国家重大科研平台、承担国家重大科研任务、具有国际一流高水平师资队伍的普通高等学校，可不受年限限制直接申请”。

后面的两句话对南科大非常重要。凭着科研和人才实力，5 月，南方科技大学获批博士学位授予单位，成为国内最快获得博士授权单位的高校。

2018 年，我又转岗担任副校长兼 Provost, 后一个位置在国际化的大学里面属于常务副校长。我协助校长开展人才引进、教学管理、学科建设方面的工作。

我们刚到南科大的时候，南科大只有 6 个系。4 年后，学校的学系增长了一倍多。我亲自帮助建立了数学系、计算机系、大数据与统计系。国际化人才引进也是那个时间段的一个亮点，包括众多的院士、教育部特聘教授、“国家特支计划”专家、优青等有头衔的学者百人以上。

为了招聘人才、宣传学校，我和陈校长去了牛津、帝国理工、麻省理工、UBC、纽约大学等名校，我自己还带队去了美国、英国、澳大利亚、加拿大等很多国家的名校去招聘。当时的南科大，国际化建设也相当有特色。

2018 年，我加入南科大刚刚三年，作为陈校长最重要的助手之一，马上提出离开，感觉很不合适。所以我就和郑恩基主席说，我很难立刻接受邀请去 UIC 工作。

我思考再三，推迟了几次，最后于 2019 年 2 月接受了 UIC 的任命，几个月的过渡期后，我于 2019 年 9 月全职加入 UIC。

记得我 2018 年年底向陈十一校长辞职的时候，他非常惊讶，多次劝我三思。看到我已经下了决心，他一个星期没有和我说话。我们两个人的办公室是挨着的。这个多少有点尴尬。

2018 年 6 月 22 日，在法国总理爱德华・菲利普（后排左二）和陈十一校长（后排右三）的见证下，我和巴黎 HEC 商学院副院长弗朗索瓦・科林代表两校签署协议。

2019 年 9 月作者就任 UIC 校长典礼上和陈十一院士合影。

不过好朋友还是好朋友。2019 年 9 月我在 UIC 的就职典礼活动，陈校长还是特地赶来参加。

2019年9月25日，UIC举办第二任校长就职典礼。来自政府、内地高校代表及社会各界友人逾300人出席典礼，与近千名UIC师生共同见证这个时刻，并向UIC送上祝福。受UIC校董会主席许嘉璐教授委托，新当选的香港浸会大学校董会主席陈镇仁博士代为主礼。

在典礼上，荣休校长吴清辉教授，北京师范大学原校长钟秉林教授，香港浸会大学校长钱大康教授，中国科协副主席、中国数学会理事长袁亚湘院士分别向新校长就任及UIC未来的发展表达祝福。教育部原副部长、中国职业技术教育学会会长鲁昕，广东省教育厅副厅长邢锋，广东省珠海市委副书记赵建国等领导出席仪式。赵建国副书记对UIC非常支持，我到珠海后遇到一些困难都会想到他，向他请教。他还很热情地帮助UIC教育基金会的发展出谋划策。

在就职演讲中，我说道："在UIC，我们希望让教育回归其本质。什么是好的教育？我想不只是教导学生外在的知识，还要挖掘他们内在的潜能；不是告

UIC第二任校长就职典礼现场。

诉学生这是什么，或那是什么；而是教会他们如何思考，让他们自己去认知世界。如何进一步落实全人教育的理念，如何让学校融入粤港澳大湾区建设的宏伟计划中，如何让学校在信息科技时代发挥作用，都是值得我和我的同仁们思考的课题。”

在演讲中，我还谈到任职后的初步构想，包括进一步提高本科教育质量，进一步提升国际化水平；加强人才引进，发展若干个重要研究领域；加强和两所母体学校的实质性合作，争取三赢；扎根珠海、扎根广东，加强和各级政府的合作，为大湾区发展作出贡献。

鉴于年龄问题，学术副校长徐是雄以及多位校级和院级领导，陆续离开了学校的管理岗位。搭建校领导班子就成为我就职后需要尽快完成的事情。

在到达 UIC 履新前，我就向吴校长推荐长期在香港浸会大学工作的知名历史学家和汉学家陈致教授先期到达 UIC 担任学术副校长，他于 2018 年 9 月 1 日正式上任。陈教授出生成长于北京，其父陈怀瑾是著名的导弹雷达专家，在飞行器制导、自动控制与仿真领域为我国国防工业作出了杰出贡献，在技术上开创了我国第一代防空导弹研制工作，1964 年 11 月任红旗二号总设计师。陈致 1985 年毕业于北京大学历史系，随后在南京大学获得汉语言文学硕士学位。1999 年，他于美国威斯康星大学麦迪逊分校获得东亚系的博士学位。2000 年，陈教授开始在香港浸大中国语言文学系任教，曾担任中文系主任及文学院代理院长。

陈致副校长在介绍他的藏书。

香港浸会大学是一所重视中国传统文化研究和传播的大学，先后成立了孙少文伉俪人文中国研究所和香港首家国学院——饶宗颐国学院。陈教授于2011年至2014年任孙少文伉俪人文中国研究所所长；2012年至2014年出任饶宗颐国学院署理院长，并于2014年至今任饶宗颐国学院院长。2011年至2017年间，陈教授还担任创意研究院副院长，致力于促进浸大的文化研究和推动跨学科的研究。

陈致教授是国际知名的文史及汉学研究学者。他从事多领域的汉学研究，涵盖古典文学研究与中国早期文化和历史、中国古代诗歌、出土文献与古文字，以及明清思想史，出版有《从礼仪化到世俗化:〈诗经〉的形成》《诗书礼乐中的传统：陈致自选集》《中国诗歌传统及文本研究》《余英时访谈录》等著作和编著。

2005年，UIC旧校园还在筹建的时候，陈致就曾和香港浸大的同事一同过来参观考察，此后一直关注着UIC的发展。他曾担任香港浸会大学–UIC联合研究所的导师、UIC品质保证体系外校评审专家，并曾多次担任国情国学论坛的演讲嘉宾。

UIC学术副校长黄华雄教授。

UIC研究和拓展副校长贾维嘉教授。

2019年秋，知名工业与应用数学家黄华雄教授加盟UIC，接替陈致教授担任学术副校长。黄教授在跨领域数学研究方面非常活跃，他擅长的研究包括流体力学和科学计算。黄华雄教授毕业于复旦大学数学系，后获加拿大英属哥伦比亚大学（UBC）博士学位。曾任教于加拿大约克大学、多伦多大学、英国曼彻斯特大学，曾荣获加拿大工业应用数学奖，加盟UIC前担任加拿大菲尔兹数学科学研究所常务副所长一职。

2020年7月，计算机专家贾维嘉教授出任UIC负责研究和拓展的副校长。在香港和澳门工作过20多年的贾维嘉教授在比利时蒙斯理工大学（Université deMons）获科学博士学位。他曾任香港城市大学计算机科学系教授、上海交通大学计算机科学与工程系致远讲席教授、澳门大学讲座教授，加盟UIC前还担任澳门大学智慧城市物联网国家重点实验室副主任。

贾教授是人工智能与物联网专家，是国际电气电子工程师学会（IEEE）会士、中国计算机学会杰出会员、美国计算机协会会员，在研究网络空间实体对象传感、人机物融合知识图谱构建与大数据处理、下一代无线通信协议，以及物联网等计算机科学相关领域取得过诸多国际领先的研究成果。

UIC党委书记兼行政副校长毛亚庆。

贾维嘉教授是位多产的学者，目前拥有多项研究专利，在国际杂志和学术会议上发表论文600多篇，独著或合撰书籍14部。

2020年3月30日，张聪副校长卸任，北师大选派毛亚庆教授担任UIC党委书记兼行政副校长。毛亚庆是知名管理专家，曾

UIC 党委副书记王红。

2019 年 5 月，香港浸会大学校董会主席陈镇仁博士参观 UIC 学习资源中心。

担任北京师范大学教育管理学院党总支书记、教育学部党委副书记、教育学部副部长，以及教育部小学校长培训中心主任。他是中国教育部 – 联合国儿童基金会合作项目“学校管理”项目执行办公室主任，并曾主持多项国家自然科学基金项目，多项论著及学术研究成果获得国家和省部级科研奖项。

珠海市委又选派了王红女士来学校做专职副书记。王红曾任珠海市人力资源和社会保障局副局长。在人社局的岗位上，她和同事们创造了珠海社会养老保险工作的多个全国领先，圆了珠海万千老人老有所养的梦，获得了“全国新型农村和城镇居民社会养老保险工作先进个人”等诸多荣誉。

UIC 建校以来，“接地气”、懂属地的校领导不多，中层领导里面熟悉国内运作的也不多。记得我刚加入 UIC 的时候，和领导见面汇报时用的 PPT，给学生讲思政课的 PPT，甚至我给相关部门写的信，都需要我自己亲自动笔。而王红副书记的加入，让我们和地方的沟通更加顺利，遇到很多棘手问题，我也多了一个可以商议的人。

在接下来的几年里，多位管理层领导加入学校，使学校的运行非常畅通。大家齐心协力培养人才，更加努力地实现创校先贤们定下的目标。

我上任后不久的 2019 年 5 月 14 日，香港浸会大学新任校董会主席陈镇仁博士连同校董会成员、浸大多个部门负责人一行 14 人来访 UIC，了解 UIC 的办学特色和发展情况。陈镇仁博士对 UIC 优美的校园环境、先进的设施设备、中西结合的浓厚文化氛围赞叹不已，并希望 UIC 加强与母体学校师生的交流合作。

2019 年 12 月 15 日，北京师范大学党委书记程建平首次访问 UIC，了解学校办学情况，并对办学中遇到的问题进行了有益的讨论。

程建平提出，希望北师大珠海校区和 UIC“各自发展，互相交叉”，“但求所用，不求所有”。在科研平台和学科建设上，互相利用对方的平台，让学生得到更好的培养资源。他说，建设好北师大珠海校区和 UIC 这两所学校，对国家和广东省都是有意义的，他也希望北师大、香港浸大和 UIC 三校加强沟通，在

2019 年 12 月 15 日，北京师范大学党委书记程建平（中）首次正式视察 UIC。

新时代的发展机遇下，助力粤港澳大湾区建设，拓展产学研合作。

在程建平书记的大力推动下，UIC 和北师大珠海校区的学术合作更加紧密。特别是在珠海校区主管领导王守军校长的全盘统筹下，两校的合作越来越紧密。近几年来，北师大珠海校区和 UIC 共同成立了数学研究中心、人工智能研究中心、历史文化研究中心，两校联手共同吸引高水平研究人才，共同申请研究项目，做出了一流的研究成果。

王守军教授在 UIC 讲话。

卫炳江校长在 UIC 2022 年毕业典礼的视频演讲：学以致用，以博学多识服务世界。

遗憾的是，由于疫情原因，2021 年上任香港浸会大学校长的卫炳江教授还没有机会亲临 UIC 视察指导。但这两年的毕业典礼，他都给 UIC 的毕业生发来视频演讲，祝贺和鼓励应届毕业生。

在刚刚结束的 2022 年 UIC 毕业典礼上，卫炳江教授通过云端寄语毕业生，他指出，当今世界面临着各种危机和挑战，他相信同学们已做好充分准备，时刻迎接挑战，为这些问题寻找解决方法。他希望 UIC 毕业生不仅成为一个博学的通才，更要成为永葆好奇心、勤奋、有创造力和适应力的人，对未来树立明确的目标，学以致用，有所作为，为人类创造更美好的未来。

第十三章

校园扩展

会同村和UIC的直线距离只有五六百米。来到珠海后，除了学校，我去得最多的地方就是会同村了。这里有农家特色的餐厅，幽静的咖啡馆和茶馆，以及很有特色的书店。走在村里的石路上，穿过古老的巷子，仿佛可以听到灰瓦青砖在诉说百年风雨。

2019年入职UIC以后，我深深地感到，校园还是太小了。除了香港这种寸土寸金的地方，一般来说，一个大学有一千亩以上的土地才比较合理。扩展校园成了萦绕在我脑海里的一件大事。

到了珠海之后，我遇到的第一个贵人是时任香港中联办主任的王志民先生。

2019年4月17日，王主任利用在珠海公干的空隙视察UIC，了解我校办学情况。他认真地听取了我的汇报，饶有兴趣地参观了图书馆、射道馆、陶艺室，还和学生们进行了会谈。其中有几位香港来求学的学生，向王主任介绍了他们在UIC学习以及毕业后的情况。当听到2015届毕业生戴健进介绍说，他和内地同学毕业后在大湾区创业，将业务从珠海拓展到广州和深圳，最近一轮融资估值达10亿元时，王主任非常兴奋，他鼓励这些香港学生，要好好学习真本领，积极投身到大湾区的建设中。

在UIC陶艺室，王志民（左坐者中）认为曲水流觞茶台颇具创意。

在会见学校领导时，王志民表示，作为第一所内地与香港合作创办的大学，UIC是内地与境外合作办学的典范，在粤港澳大湾区建设的背景下，UIC会得到更好的发展。

王志民进一步指出，UIC新校园建设非常精致，在投入如此有限的情况下，效益很高。大湾区的建设是一体的，UIC是珠海的一张名片，这张名片可以为大湾区的建设提供很多支持，尤其是吸引人才。UIC的发展很需要政府的支持，可以将UIC和珠海市的人才引进计划结合起来，互相提升。

王主任不只是表扬和鼓励，他还在接下来和珠海市委书记郭永航的见面中，再次提及UIC是珠海的一张名片，这张名片可以为大湾区的建设提供很多支持，同时，UIC的发展也很需要政府的支持。

虽然王主任之后不久就离开了中联办的岗位，但他对我的鼓励，对UIC的支持，却永远地留在我的心里。

一个月后的5月29日，时任珠海市委书记郭永航来到UIC调研。在参观了校园的设施、学生宿舍以及听取了我的汇报后，他认为UIC办得很好，很有特色，强调要坚持高水平建设、高质量办学，推动学校建设再上新台阶，努力为珠海高等教育发展作出更大贡献。

在当天的座谈会上，我向郭书记汇报说，学校现在的物理空间太小，很难支撑学校下一步的发展。郭书记当即表示会尽快想办法解决这个问题，并表示珠海市委、市政府将加大支持保障力度，为学校的建设发展创造更好条件。

我在深圳的时候就多次见过郭书记，当时他是深圳市委秘书长，几次陪同马兴瑞书记访问南科大，并且我和陈十一校长去见马书记的时候，他基本也在场。

我在深圳工作期间印象最深的事情之一，就是马兴瑞书记对高等学校的热情扶持和深度了解。

2015 年，当时南科大没有研究生培养资格，可是没有研究生，一个学校的科研很难推进。我和陈十一校长非常着急，这涉及吸引人才和留住人才的关键问题。

多次沟通后，教育部给了我们三四百个研究生名额，属于挂靠的，即我们必须找到一个共同培养单位，这个合作单位管理学籍并授学位，南科大的老师主要指导这些学生的科研，学生的大部分学习和科研时间可以在南科大。最主要的是，合作单位不需要自己出研究生名额。

拿到这三四百个代培名额是一大进步，但找到满意的合作单位可不容易。我去了好几家著名高校，最后总共只能解决二三十个名额。马兴瑞书记从陈十一校长那里知道了南科大的困难，帮助我们与哈工大协调，最后解决了 300 个研究生名额的联合培养问题。

郭永航书记参观学生生活区。

再说回郭永航书记在 UIC 的调研。他 1989 年从武汉大学历史系毕业后，就来到特区深圳，一干就是近 30 年，逐步成长为市委常委、市委秘书长，是特区奇迹的见证者、参与者、推动者。在深圳，郭永航就被认为是一名勇于改革、善于改革的官员。他给大家的印象是水平高，有视野，且语言表达能力极强。

听了我的汇报，郭书记马上看到了主要矛盾，我相信他会认真考虑的。

接下来的两三个月里，好消息不断传来。珠海市准备把会同古村另一侧的 550 亩土地批给学校，供学校做二期建设使用。同时，会同古村旁边的一个体育公园也准备给 UIC 管理使用。这个体育公园占地 127 亩。

如此看来，学校拥有 1000 亩空间的愿望大有希望了。

常言道，好事多磨。接下来的半年里，此事就停在那里了，没有任何进展。一直到 2020 年的 4 月，事情终于出现了转机。

2020 年 4 月 23 日，珠海市市长姚奕生调研 UIC，他实地察看了学校二期用地现场，并表示会尽快推动把土地划归学校发展。他的这次调研后，UIC 二期用地问题终于迎来曙光。

有个小插曲很有意思。姚市长参观完二期用地后的两三天，学校的一位工作人员告诉我，有人在二期用地里面挖树，把 17 棵古树装车外运。我刚开始很生气，觉得这些古树代表了历史，代表了文化，将来会是校园的一景。但是，很快了解到这是姚市长的意思，原来他在指导修建珠海一个公园，这些古树后来成为公园的一景，也向更多人展示珠海的历史与文化。

2020 年 6 月 30 日上午，珠海市人民政府和 UIC 签署合作协议，将紧邻会同村的 550 亩土地拨给学校办学。姚奕生市长、阎武副市长出席签约仪式。

在签约仪式上，我代表学校衷心感谢珠海市委、市政府的大力支持，并表示学校会高标准、高要求地做好二期校园规划设计，力争建设园林化的百年校园。学校一期、二期正好在会同古村两边，将形成一个在全国甚至亚洲难得一见的“大学古镇”。

在此之前的3月24日，珠海高新区苏虎书记来到UIC，与学校签署了会同体育公园委托管理协议。之后，学校接管了校园旁边的体育公园。

这个体育公园建设的缘起，是UIC初搬到金同路一期校园时还没有户外运动场。经过多次现场调研，珠海高新区决定在会同村北侧高标准建设大型社区体育公园，服务大学生、会同村民和游客，建成后由UIC负责管理。这个体育公园由珠海高新区花费6000多万元精心打造，是目前珠海最大的社区体育运动公园，也是风景最优美的山谷体育运动公园。

该公园拥有400米标准田径场，铺设全塑胶跑道及人工

在珠海市市长姚奕生（后排左三）等的见证下，副市长阎武和副校长毛亚庆签署合作协议。

两期校园居于会同古村和体育公园两侧。

体育公园田径场和足球场。

草皮足球场，还有多种球类运动场地。在此，师生可以开展体育教学和文体活动，市民可以休闲娱乐、锻炼身体，形成“十分钟健身圈”。秉承“大学小镇”的理念，UIC 着手打造国际先进水平的文化体育活动中心，提供优质的公共体育文化服务。

实际上，在 UIC 落户于珠海高新区之后的近 20 年里，特别是过去的 10 年，高新区的历任领导，杨川、闫昊波、苏虎、赵适剑等，都为 UIC 的发展给予了很大的支持。

2021 年 5 月 7 日，UIC 乡村网球俱乐部正式亮相。该俱乐部坐落于高新区会同体育公园，使原有的 2 片网球场地拓展至 6 片，从灯光配置到地面铺排，全部达到专业赛事级国际标准。与此同时，借助 UIC 网球俱乐部平台，国际交流赛、“网球 + 旅游”文旅融合项目、暑期集训夏令营等多种赛事活动也在此轮番上演。通过引入丰富多彩的文旅项目，大大丰富了在校师生和周边居民的文体生活。

有了土地之后，就需要有一个设计方案了。我们聘请的凯达环球（英语 Aedas）是全球五大国际建筑事务所之一。事务所提供建筑设计、室内设计、景观设计、城市设计与总体规划及平面设计服务，设计范畴十分广泛，其设计的项目包括中国银行香港总部、杭州萧山国际机场二期、香港中文大学 2007 校园发展计划、珠海横琴总部大厦等。

经过半年多的不断迭代和多轮讨论，凯达环球完成了初步设计方案。在和 UIC 相关负责人的见面会上，设计董事温子先博士、全球董事黄威林、执行董事林子欢分享了校园设计理念。他们介绍道，设计充分尊重场地现状，依托地块内既有的山水格局，打造“钟灵毓秀、碧水绕亭”的宜人校园环境，并将空间划分为仪序广场、自然生态、院落空间、共享场所四大层次，基于人车分流的交通系统，在便捷通达中尽享风景宜人、体验多元的校园生活。

项目集教学楼、科创中心、实验楼、宿舍、书院楼、食堂、交流中心等多种功能于一体，设计将其划分为科研、教学以及书院三个组团，依次有序分布，各部分独立运作又高效连接，并为未来的发展预留了充足的空间。

2021 年 5 月 23 日，一个难忘的日子，UIC 举行二期校园奠基仪式。

珠海市委书记郭永航，市长黄志豪，市委副书记赵建国，中国女企业家协

UIC 乡村网球俱乐部。

二期校园设计图，从远至近：科研区、教学区、书院区。

2021 年 5 月 23 日，UIC 二期校园奠基仪式举行。

会会长李说，北京大学燕京学堂院长袁明，市委常委吴轼、郭才武，副市长李翀，高新区党工委书记苏虎，北京师范大学珠海校区党委书记韦蔚等出席这一庆典，为二期校园奠基培土。在这次典礼上，我见到了刚刚履新的黄志豪市长。

UIC 校董会主席、全国人大常委会前副委员长许嘉璐先生从北京发来贺信。许嘉璐先生表示，二期校园奠基是 UIC 发展史上的里程碑。“从时间上来说，二期校园建设遇上了新时代；从空间上来说，她又位于在国家发展大局中具有重要战略地位的大湾区。”他期望 UIC 创造学科新成绩、新水平，为国家、为粤港澳大湾区、为珠海培育更多人才。

奠基仪式上，郭永航在致辞中指出，当前，珠海对本土优质高等教育和优秀人才的需要，比以往任何时候都更加迫切、更加强烈。UIC 二期校园因时因势而建，必将助力学校再创新辉煌、助推珠海高等教育和城市发展再上新台阶。希望 UIC 当好育才的“摇篮”、创新的“源泉”、交流的“桥梁”，培育更多爱国爱民、堪当大任的时代新人，为服务珠海经济社会发展贡献更大力量。珠海将一如既往地关心支持 UIC 的建设，为学校建设成为在国内外具有广泛影响力的知名大学创造最好条件。

UIC 二期校园奠基仪式上，珠海市委书记郭永航致辞。

几个月后，郭永航升任广东省人民政府副省长。在和郭书记交往的两年多时间里，我看到了他的政治高度和国际视野，务实能干的领导能力，以及对人才和教育的重视。遇到他是我到珠海后的一大幸事。特别值得一提的是，他担任副省长后，还关心

一期校园实景航拍和二期校园规划设计合成图。

UIC 的学科建设，支持学校省重点实验室的建设。

二期校园主设计师、凯达环球设计董事温子先在仪式上分享了设计理念。他指出，二期校园秉承以师生为主体的设计思路，通过文化地标、人文空间、山水园景的结合，创造充满珠海记忆、产学结合、科学与自然高度融合的学术平台，打造一个集创新性人才教学培养、前沿先导研究、新型产业培育为一体的综合教学园区。

奠基之后，第一件事就是要启动学生宿舍区建设。由于学生人数的增加，特别是研究生人数的增加，学生宿舍已经远远不够用了，我们必须马上建设新的学生宿舍区。

宿舍区的建设单位是中机城市建设有限公司，监理是广东华工工程建设监理有限公司。书院组团总建筑面积约 17 万平方米，包括 6 栋宿舍楼、1 栋食堂、1 栋活动中心及生活区配套设施等。

书院组团宿舍楼的空间布局一如既往地为学生的学习、生活提供便利和舒适体验：每栋楼设有24小时自习室，每层配有洗衣间、公共空间（配备电磁炉、冰箱、就餐区）等；楼栋里有许多共享区域，在生活区里也将有丰富的交流空间。

二期宿舍样板房。

宿舍采用“2+2”房型模式，即分为两个卧室和一个起居间，两个卧室共享一个阳台；在设计理念上，引入了“交流空间”的概念，让学生可以在其中点燃思想的火花，交流新鲜的想法。根据目前的规划，宿舍室内使用面积达到46平方米。

2022年9月，鸟瞰建设中的书院组团，其中有两栋宿舍楼将率先投入使用。

2022 年 5 月 20 日，UIC 二期校园书院组团顺利封顶。书院组团主要为宿舍区，2022 年年底全部投入使用。

UIC 扎根珠海十多年，从金凤路校园的“1.0 版本”，到 2017 年搬到金同路校园的“2.0 版本”，再到 2022 年二期校园书院组团投入使用，代表 UIC 校园开启了“3.0 版本”。

第十四章

善待学生

教育的根本目的不是技能训练、不是灌输知识，而是要让生命获得尊重，焕发出光彩。“鸢飞鱼跃”是古代大儒们崇尚的气象：鹰在天上飞翔，鱼在水里腾跃，显示出一种活泼的精神，这是大自然的精神，也是君子应该具备的精神。只有全面发展的自由生命才能继承和创造灿烂的文化，也只有立足于坚实的大地，在深厚的文化滋养中，生命才有真正的源头活水。

在某种程度上，教育就是要善待学生，与学生平等对话，以生命影响生命。

2018 年，吴清辉校长 4 次和学生早餐见面。

2016 年，吴校长和学生早餐相聚。

从吴校长开始，校领导就有和同学吃早餐的传统。校长早餐会是 UIC 的传统活动，每学期校长都会与学生代表们相约于早晨七八点钟，一起享用早餐并就学校、社会、国家等不同层面的话题进行交流和讨论，也会倾听他们学习中遇到的困难，商量解决问题的办法。

我刚接手学校不久，就和张聪副校长一起与 14 名学生在我的住处共进早餐。这些同学“有备而来”，围绕课程设置、提高英语能力、到海外大学交换、升学就业等各方面的问题展开了交流。这是我上任以来首次与学生共进早餐，就想多听学生代表们的意见和建议，并适时解答同学们的疑问。

“你们不是代表自己来的，而是代表同学们来发表心声的。”大家围坐在一张圆桌旁后，我就鼓励大家积极发言。同学们从一开始的紧张拘束到逐渐放松，各抒己见，气氛十分热烈，原定一小时结束的早餐会延长至近两个小时才结束。

“数学”是在早餐会上频频被提起的一个关键词，来自大四会计学专业的梁梦圆表示，现在会计学专业的同学在申请攻读经济学类研究生时，会因为曾修读的数学课程有限而遇到阻滞，希望可以设置多一些供低年级同学修读的选修课程。我对此问题十分重视，表示会增加数学课程的设置，满足更多同学的学习需求。

2019 年 4 月 17 日中午，我还与 14 位学生家长举行午餐交流会。与会者除了来自广州、深圳、珠海、汕头、中山、江门等广东省内城市外，更有两位家长从黑龙江、一位家长从江西赶来参加。

2019 年 4 月，我和学生代表第一次早餐会。

和学生家长们午餐会合影。

与同学和家长们交流后，我感觉到 UIC 对 GPA 比例卡得太严格，不少尖子生一直被卡在 3.5 边缘，为他们进入名校深造增加了不必要的困难。

GPA 是时常在 UIC 学子口中出现的高频词汇。那么，GPA 到底是什么？GPA (Grade Point Average) 意为平均绩点。根据不同课程的安排，成绩通常由出勤、课堂表现、平时作业成绩、平时测试成绩及期末考试成绩等组成，每个部分占据不同的评分比例。

粗略地说一下，4 分就是这门课得了 A，3 分就是 B，2 分就是 C，2 分以下就属于不及格。介于中间就是三点几、二点几，等等。

cGPA 指的是累计成绩绩点，是每门课的 GPA 加起来做个平均。建校以来，学校把 GPA 卡得很严。学校规定，cGPA 达到 1.67 的学生，可获得 UIC 的毕业证书；完成专业规定课程学分，且 cGPA 达到 2.00 的学生，可获得香港浸会大学的学士学位证书。

而 UIC 大部分学生毕业后的第一个选择是读研究生。这时，cGPA 没有达到 3 的话，一般都不可能被考虑。如果想去高水平的名校，GPA 就需要更高了。

近一二十年，国际上每个学校的 GPA 制度都稍微有些宽松，但 UIC 长期把 GPA 的比例压得非常紧，每个班级仅有几位非常努力的学生才能够和国内一些大学的普通学生的 cGPA 一样，也就是说，一个班上拿到 cGPA3.5 或以上的只有 10% 的学生，这点比香港的大学都要严格很多。

作者和学生的午餐会。

GPA 的问题，学生们和家长们的反应非常强烈。我和老师们进行了广泛的交流，最后大家达成了共识，要向香港高校的做法看齐，让 cGPA 的分配满足数学上的“高斯分布”，让认真学习的同学得到 GPA 的认可。

GPA 的合理分布，让同学们感到松了一口气，看到了努力得到的合理回报，因此更进一步地调动了同学们的学习积极性。

在和同学们的相处中，这两年疫情之下的很多时候，对大家都是一个考验。如何在这个特殊时期，保持和同学们的良好沟通，得到同学们的理解和配合，确实是一个挑战。

2022 年 3 月下旬，属地政府考虑到疫情形势严重，决定高校实行临时封闭式管理。一时间部分同学想不通。为此，我让校领导、院长们、系主任们主动和同学们座谈，多听同学们的意见，多和同学们耐心解释，努力做细致的思想工作。在这个基础上，为了进一步舒缓同学们的情绪，我于 3 月 31 日给全校同学写了下面的公开信，让同学们对我们的做法更加清楚：

“同学们关注的一个重点是离校审批，我们会细化规则、简化流程，充分保障同学们就医、考试等需求，相关制度完善后会及时向大家通告。还有同学关注教职员的校门进出管理，由于UIC没有教职员宿舍，从现实层面考虑，学校对教职员实行‘两点一线’管理和持24小时内核酸阴性证明进校措施，我们会压实‘两点一线’管理责任。学校希望尽可能让教学稳定有序，也尽可能降低风险。

另一个大家关注的重点是即将到来的阅读周。阅读周不设教学安排，同学们可以调节身心，查漏补缺；各个学部/部门也会准备丰富的活动，同学们可以根据兴趣自主选择参加与否。由于疫情发展的不确定性，校园进出管理措施还需根据属地管理部门的要求进行动态调整，同学们如确需外出，可以按照流程申请。不过我真诚地建议大家，在疫情形势不明朗的情况下，尽量减少出行和流动，非必要不离校、不离珠。否则一旦遇上突发疫情，同学们将会面临和承担居家隔离、健康监测、三天两检等健康管理措施和费用，也会影响学习进度，甚至可能给其他同学带来健康风险。

正如我在座谈会上所说，当前全国疫情多点散发、局部暴发，部分地区发生校园聚集性疫情，珠海作为港口城市，和港澳接触密切，人口流动频繁，不时有零星病例；而且奥密克戎病毒隐蔽性强、传播快、无症状感染者多，给疫情防控带来严峻挑战。高校是高度聚集的场所，一旦出现病例，极易扩大，后果不堪设想，所以主管部门对高校防疫力度尤为重视。为了自己和他人的健康着想，我们每个人都要担当起疫情防控的责任。

在这里和同学们分享一下，自疫情以来，我已经经历了几次酒店和居家隔离，体验到困难的同时，也享受了独处、读书和写作的快乐。未来这两周，我也将和同学们一样，居住在校园里，尽量不离校，更不会离开珠海，与同学们共渡时艰。

UIC 建校以来，发展与困难一直并存，同学们也跟学校一起渡过了很多难关，感谢大家的理解和支持。同学们如遇困难、情绪低落，可以随时与老师沟通，也可以寻求辅导及个人成长中心的帮助。学校会和珠海其他高校一起，与属地管理部门保持积极沟通，根据疫情形势和防控要求对相关措施及时调整。请大家再多一点耐心，我们一起面对困难、共同成长。”

自创校以来，UIC 的历任领导都把和学生的沟通作为工作的重心之一，善待学生是校领导和老师们的共识，也成为 UIC 的一个办学传统。

设立奖学金和助学金，是建校以来学校一贯坚持的政策。设立奖助学金既能帮助家庭经济困难的学生完成学业，又能激励学生努力学习，形成良性的学习竞争氛围。

建校以来，学校得到了很多仁人志士的慷慨捐资，建立了多项奖学金。除了前面提到的香港著名爱国实业家、慈善家冯燊均先生 2006 年捐款 1000 万港币支持 UIC 独具特色的国情国学教育外，还有古楚壁伉俪奖学金等。

2012 年至 2016 年，中国意大利商会会长古楚壁（Franco Cutrupia）先生与夫人魏昭凤女士先后捐资逾 200 万元人民币设立“古楚壁伉俪奖学金”，包括“内地籍贫困生奖学金计划”和“香港籍在校生资助计划”。古楚壁伉俪希望资助经济条件有限的内地优秀学子圆梦 UIC 博雅教育，同时鼓励和帮助香港优秀青年入读 UIC，推动中国内地与香港青年之间的交流融合。

UIC 的学生家长在支持学校建设、建立奖学金方面也作出了很多贡献。代表性人物是家长李健标。李健标先生是中山市工商联副主席、顺昌集团董事长。2015 年，为祝贺 UIC 建校十周年和金同路校园宿舍区启用，李健标捐赠价值 30 万元的树木，支持金同路校园建设。2018 年，李健标为金同路校园再次捐赠树木，以及镌写“大同”二字的景观石。吴清辉校长表示，大同石寓意大同思想

吴清辉校长与李健标家长一起为大同石揭幕。

在UIC得以传承，现在树立在湖心岛上，也令校园更添风雅古韵之美，成为UIC的一个亮眼的景点。

随着UIC的稳步发展，一批具备家国情怀、国际化视野、全面发展的校友在社会大环境中历练成长。在不断前行的路上，校友们不曾忘记回到梦想出发的地方，反哺母校。

由贾凡等校友创办的企业蜜蜂科技捐赠的“蜜蜂科技Beeplus奖学金”，每年奖励3名在公益活动、社团、实践中表现优秀的在校生，奖金为每人5万人民币。

由陈家欣等校友创办的企业珠海云游道科技公司捐赠的“极简汇率好奇心奖学金”，每年评选出2名获得者，每人奖励5万元。

2014届应用经济专业毕业生徐浩南，毕业后去美国深造，学成回国后，在家人的支持下，投身于新农村建设事业，取得了不俗的成绩。2022年，徐浩南代表其所创立的万山农夫（北京）有限公司，向UIC教育基金会捐赠了100万人民币。

学校的发展也得到了企业界的支持。广东建安昌盛控股集团有限公司自2016年便开始参与UIC的建设，于2020年捐赠280万人民币支持大学发展基金，在2021年二期校园奠基之际又积极支持100万人民币用于校园建设基金。2019年，香港东神集团的许清彬董事长为UIC教育基金会捐资200万人民币设立

“至行体育文化基金”和“众行文创基金”，旨在鼓励青年学子发展体育与艺术，打造活力校园。

UIC 每年拿出数千万元用于奖学金和助学金。奖助学金的种类繁多，包括新生入学奖学金、优秀毕业生奖学金、许嘉璐全人教育奖学金、冯燊均国情国学教育优秀学生奖学金、古楚璧伉俪奖学金、清辉蜀华奖学金、蜜蜂科技 Beeplus 奖学金、极简汇率好奇心奖学金、薪传助学金、校长荣誉奖学金、院长荣誉奖学金等。记得 2019 年参加的奖学金颁奖典礼上，2018–2019 学年共颁发 24 项奖助学金，数百名学生得到支持，颁发奖助学金总额约 1066 万人民币；2019–2020 学年共颁发 15 项奖助学金，总金额逾 1700 万人民币；2020–2021 学年共颁发 19 项奖助学金，总金额超过 1800 万人民币；2021–2022 学年的奖助学金金额已超过 2000 万人民币。

每年的毕业典礼虽说只是一种仪式，但却是学生人生的一件大事。对于大学生来讲，它意味着大学学习生活画上了一个句号，也标志着走向社会、开启

2020 年，疫情之下的毕业典礼在室外举行。

人生新征程，具有纪念意义，值得鼓励加油。因此学校十分重视一年一度的毕业典礼，精心安排，精心设计，让同学们有个美好难忘的记忆。

毕业典礼上，在校长、副校长、院长的见证下，每名学生的名字都会被念到，每名学生都会从副校长手里接过毕业证书，然后接受校长的祝贺和合影，再接受所属学院院长的祝贺和握手。

UIC 毕业典礼的一个经典环节就是校长和每名毕业生握手、合影。从建校初期每年几百名学生，到现在的两千多名学生，一天下来的微笑、握手和合影，相当考验体力。但为了让每名学生在毕业前近距离接近校长，这一仪式还会一直坚持下去。这也是我们善待学生的一个具体表现。

从大力推动"四维教育"开始，学校就深刻意识到学校与家庭的良性互动，对学生的培养与成长十分有益。而学生毕业不仅仅是学校的大事，也是学生家庭的大事。学生们能够顺利毕业，凝聚了大学的心血，也载满了家长的期待。邀请家长参加毕业典礼，既是大学对家长的一个圆满交代，也是对家庭教育的感谢。

吴清辉校长在金同路校园大学会堂里为2017届毕业生颁发毕业证书。

2022届毕业典礼前，汤涛校长、陈致常务副校长和部分毕业生合影。

2017 届的毕业生们集体将学士帽抛起，庆贺毕业。在场的教职工和在二楼观礼的毕业生家长们同时用手机记录下了这一瞬间。

除了疫情期间，UIC 会邀请所有家长参加一年一度的毕业典礼，并邀请家长们参加在香港浸会大学举行的学位授予仪式。

很多参加毕业典礼的家长们都表达了对学校的感激。影视学专业 2014 届毕业生梁媛的父亲梁先生，专程从湖北赶来参加女儿的毕业典礼。梁媛是毕业晚会上的微电影《南方小镇》的制片人，毕业后她远赴美国查普曼大学攻读硕士学位。谈及女儿的成长变化，梁先生激动不已：“四年了，感觉到孩子变化特别大，变得更有自信心，做事更有目标。相比于其他大学，UIC 的学生生活总是很忙，比如我每次找我的小孩，她要么是在工作室要么是在图书馆，经常熬夜到凌晨几点。有些学校生活空虚，而 UIC 充实，我很赞赏 UIC 的教育模式。”

第十五章

善用老师

加入 UIC 三年多来，我感觉到 UIC 有一支专业的、敬业的教师队伍。他们都受过良好的专业训练、有国际化的经历，并且特别愿意把自己的知识传授给下一代。

UIC 有一些很受学生欢迎的老师。我下面仅列举几个代表。

董铁柱，2010 年加入 UIC，讲授大学语文、中国社会思潮、中国历史与文明专题等公共必修课，以及魏晋的思想与生活、中国文化中的交流艺术等公共选修课。2020 年获 UIC “校长教学奖”。

UIC 中国语言文化中心董铁柱老师在上课。

董铁柱曾说：“记得第一年在 UIC 上课的时候，我在选修课上问大家，在学校几年最大的收获是什么？有一位学生说，她最大的体会是知道了一个道理：老师说的不一定是对的，自己想的也不一定是对的。我当时听了之后颇为惊讶：这难道不就是理想的大学教育所要赋予学生的观念吗？”

正是由于其宽阔的知识面、充满思辨的授课材料，董铁柱成为最受学生欢迎的老师之一。由于学校实行小班教学，每个授课老师的学生人数有限。每学期选课的时候，“抢”董老师的课成为一景。

一位学生曾经写过一篇文章，其中有描述董老师上课的细节：“语文课由董铁柱博士教授。头节课，他登上讲台，开口自称铁柱哥，引来满堂笑声；复说本科毕业于‘海淀文理学院’，一众弟子面面相觑，明白指北京大学，掌声经久不息。铁柱兄经历强悍，非常人能及。来小镇前，先在大名鼎鼎的（加州大学）伯克利读取博士学位，后在南卡罗莱纳大学授业数年。他似乎为学问而生，不仅上知天文，下晓地理，而且能用通俗易懂、诙谐幽默的方式准确传达。传授知识之于他如堆积木，满含趣味又乐此不疲。其语文课广受欢迎，每年选修，总是最早抢完，更有甚者，在‘树洞’上或购或售。铁柱兄为人宅心仁厚，处事又严肃认真。刚入学，某学社不知如何作报告，以茶聚形式求教。结果他买了单，还体贴地让学生点自己喜欢吃的菜。遇到公事，他认真对待，容不得丝毫马虎，任何小聪明都会被看穿，也会遭禁绝。”

保加利亚籍的 Milen Jissov（米伦·基索夫）于 2009 年 6 月获得加拿大皇后大学历史学博士学位，次年起在 UIC 通识教育办公室任教，其教授课程包括：欧洲现代历史、欧洲现代思想文化、西方现代主

米伦·基索夫老师和学生交谈。

义、欧洲帝国主义等。其钻研领域为欧洲现代思想文化史。

米伦·基索夫老师上课幽默风趣，尊重学生，且对待学生非常有耐心。他的一位学生说："我在这两年已经选修了米伦教授开设的所有课程，无论刮风下雨，米伦的课我都不会'翘掉'。同学们都表示，米伦是他们见过最幽默、最有耐心、最尊重学生的老师。"

通过自己渊博的知识和对教学的热爱，他深受学生喜爱，2013 年荣获珠海市先进教师奖，2015 年建校十周年之际荣获首届 UIC 杰出教学与服务奖。

对于在珠海的生活，基索夫老师说，珠海是一个美丽的现代都市，他们一家人都非常喜欢在珠海的生活。2014 年，他和妻子迎来了他们的第一个孩子，一个可爱的女儿。女儿出生在珠海，珠海就是她的故乡。

著名统计学家方开泰教授是 UIC 建校的元老之一，他 2006 年正式加入 UIC，创建了 UIC 的统计学专业，统计专业是 UIC 第一批成立的专业之一，2015 年被评为珠海优势学科，2020 年获批广东省一流本科专业建设点，并入选 2021 年度国家级一流本科专业建设点。

回顾自己大半生的教学生涯，方开泰教授表示，最欣慰的仍是看到学生的成长、成才，看到自己辛勤培育的一棵棵苗子茁壮成长。"我人生最快乐的时光是在香港浸大教书的十五年半，而来 UIC 则是一种创业的心情，从零开始创办一个专业，经历了很多困难。虽然心情不一样，但同样有很多收获。"2012 年，在 UIC 统计学专业任教多年的方开泰教授获得广东省授予"南粤优秀教师"称号，以及珠海市授予"珠海先进教师"称号。

回顾在 UIC 的"创业"经历，在一次采访中，方教授说得最多的，仍是他的学生。他说起一个又一个毕业生的故事，如数家珍。

"办学的根本始终是培养人，要把培养学生放在第一位。"这是方开泰教授坚守一方讲台所践行的教育理念。他很认同UIC的全人教育理念，“我们不仅要教给学生知识，还要教他们做人，让学生得到全面的培养。”

2012年，张聪副校长、方开泰教授（中）和外教Victoria Steven被分别评为珠海市先进教育工作者和先进教师，另外方开泰教授获广东省授予“南粤优秀教师”称号。

方开泰教授鼓励大学生参加科研，经过他指导的学生很多进入名校攻读研究生学位，部分拿到全额奖学金去名校攻读博士学位，包括牛津大学、东京大学、香港科技大学、普渡大学等名校。

2019年，爱德华多·摩纳哥获得学校“长期服务奖”后发言。

人文与社会科学学部全球化与发展专业课程主任、副教授爱德华多·摩纳哥博士(Edoardo Monaco)出生于意大利，在博洛尼亚大学学习法律后，他前往法国攻读国际管理研究生学位。他于2009年入职UIC，对教学兢兢业业，对行政管理认真负责，深得师生们的认可。

摩纳哥博士认为，教师的责任是分享知识和经验、启迪学生发挥潜能以及使学生获取自我追逐理想的能力。“教育是一个可以影响他人、影响社会的高尚事业，我为自己是位教育者而感到自豪。”

参加2017年北美华人教育研究及策划协会年会的UIC师生合影。（左起：张森、俞心韵、郭奕龙、黄婉莹、黄炎子）

鉴于摩纳哥博士的优秀表现，2016年，他获得了学校“杰出教学与服务奖”，2019年又获得学校的“长期服务奖”。

郭奕龙副教授来自中国台湾，毕业于台湾师范大学，他于2011年在美国爱荷华大学获得教育心理学博士学位后，次年来到珠海。郭奕龙博士是教育心理学家，现为UIC教师教学发展中心主任、应用心理学专业副教授。郭老师的教育理念是“让每一位学生成功”，教师应根据学生的个体差异，营造最适宜的开放环境，最大限度地给他们提供发展的机会。他还创造机会，让同学们走出校园，开阔眼界，在更大的平台上交流。

在郭奕龙老师的带领下，UIC多名学生参加了北美华人教育研究及策划协会年度学术大会。4位UIC同学参加了2016年在美国首都华盛顿的年会，另4位同学参加了2017年在美国得克萨斯州圣安东尼奥市召开的年会，他们都在会议上发表了演讲。其中应用心理学专业华宁宣同学的《论元动机状态作为父母教养模式与幽默风格的中介变量》论文摘取了2016届年会最佳学生论文奖。UIC学生在年会上凭着自信与流畅的口头表达，给与会专家留下深刻印象，获得连连称赞。

参加会议的同学们也是收获满满。黄炎子同学说：“站在国际会议的演讲台上，面对教育界的学者和教授，我体会到了在学校学习所无法带给我的震撼与冲击，领略到了自己一寸小小世界之外的万象，感谢这次体验，让我变得更自信与从容。”

郭奕龙博士还是学校学术期刊 *Innovative Teaching and Learning*（《创新教与学》）的执行主编。他于 2016 年获得 UIC “杰出教学与服务奖”。

2019 年 3 月，获“杰出教学与服务奖”的教师与校长合影。（左起：蒋崴、王爵、汤涛校长和邓宇辉）

以上的例子只是 UIC 老师们专注教育的一个缩影。教书育人是 UIC 老师们的共同目标，得到了最大的重视。

自 2015 年以来，学校定期表彰为学校建设作出贡献的教职员工。我刚入职的 2019 年 3 月，UIC 为 3 名获“杰出教学与服务奖”的教师颁奖，他们分别是工商管理学部讲师王爵老师、文化与创意学部助理院长蒋崴博士和理工科技学部副教授邓宇辉博士，同时也为 38 名在 UIC 任职满 10 年的教职员颁发了“长期服务奖”。

蒋崴博士 2012 年加入 UIC，任教于影视学专业（CTV），现任文化与创意学部执行院长。初到 UIC 时，CTV 的学生都非常兴奋地奔走相告：“电影《赤壁》《让子弹飞》《非常完美》的副导演要来教我们了！”在 UIC 的校园里，经常能够看到背着“长枪短炮”拍摄的 CTV 学生，他们在课程中需要大量实践，拍摄作品，而蒋崴便是他们喜爱去“打扰”的指导老师。

获奖的这个学期，蒋崴讲授了初级剧本课和高级剧本课两门课，所以总是有学生敲他办公室的门，即便临近期末还有学生不断找他讨论剧本。每学期蒋葳共需要修改大约 100 多个短篇剧本，十多个长篇剧本。在蒋葳指导下的学生斩获过许多奖项。

2020 年 12 月 5 日，UIC 15 周年庆祝晚会上，近百名教职员获“校长奖”及“长期服务奖”，以感谢他们在 UIC 科研、教学及行政服务领域的贡献。UIC 600 名教职员欢聚一堂，见证了学校 15 年的成就与荣光，共同感谢全体教职员工对建设这所博雅大学的辛勤付出。

伴随 UIC 一路成长的人文与社会科学学部的 Christian Aspalter 教授，在 15 周年庆祝晚会上领取了“长期服务奖”。Aspalter 教授为自己取了一个独具特色的中文名：龙天祥。在他的理解中，龙是中华文化的象征，天祥则来源于中华民族英雄文天祥，也含有幸运的意思。

Aspalter 教授在中国已有 26 年，而龙天祥这个名字也陪伴了他足足 24 年。多年来，他在中国许多城市工作生活过。他说：“这 20 多年的经历，甚至可以写 10 本关于中国故事的书。”Aspalter 教授于 2006 年加入 UIC，是社会工作与社会行政学专业的首批教师。2010 届国际新闻学毕业生贾非曾选修过 Aspalter 教授的课，“他对学生非常严格，是第一个让我接触到学术研究的老师。他教会我如何看文献，如何正确地写一篇学术报告，这对于本科阶段的学生来说非常难得。”

另一位社工专业的资深老师吴耀辉，2006 年开始就职于 UIC，他是香港注册社工，拥有逾 30 年的社会工作经验。2013 年 8 月，UIC 成立了社会管理研究与服务中心。在该中心总监吴耀辉的带领下，中心承接了近百个社会服务项目，在全国首创“养老机构社工巡回服务”，在珠海建成全市首个居家养老服务示范培训基地，开拓儿童福利院“模拟家庭”养育模式，并连续多年为珠海市提供社会工作行政和实务督导培训。2021 年 4 月 30 日上午，由 UIC 社会管理研究

2020 年 12 月 5 日，Christian Aspalter 教授（左二）等获得 15 周年“长期服务奖”的教职员工和校长合影。

获得 15 周年“杰出教学奖”的老师和校长合影：林彩丽博士（左一）、董铁柱博士（左二）、何义炜博士（右二）、Uchenna Eze 博士（右一）。

与服务中心负责专业服务运营的金湾区残疾人综合服务中心（金康园）举行揭牌仪式。金康园免费为金湾区户籍的残疾儿童、少年、成年人提供康复、教育、托养、职业培训等服务，打造粤港澳残疾人康复服务融合发展高地。

工商管理学部创业与创新管理专业课程主任汤绍龙博士于香港理工大学获得博士学位，在香港金融界工作一段时间后加入 UIC，他不无感慨地说：“在北师港浸大的这十年，我与学校一起成长和成熟，从第一届学生的毕业典礼到新校园的搬迁庆典，见证了学校高速的发展。”汤绍龙博士于 2022 年 4 月开始兼任 UIC 学生事务总监，在新的岗位上做得有声有色。

在 15 周年庆祝晚会上荣获“杰出教学奖”的是人文与社会科学学部助理教授林彩丽博士、中国语言文化中心副教授董铁柱博士、理工科技学部副教授何义炜博士和工商管理学部副教授 Uchenna Eze 博士；荣获“杰出研究奖”的是理工科技学部副教授许敏华博士；荣获“杰出服务奖”的是理工科技学部食品科学与工程专业课程主任徐宝军教授、人文与社会科学学部英语语言文学专业署理课程主任甄美仪博士、文化与创意学部高级行政主任孙镜女士和行政主任周颖女士。

来自马来西亚的林彩丽博士对课程设计非常用心，其负责的“传播学基础”课程获评广东省2021年省一流本科课程。来自加拿大的何义炜博士是UIC应用心理学创系主任，开发了UIC情绪智能与逆境管理学科课程与教育。多位UIC毕业生都能回忆起是何博士把他们带入了心理学这个神奇的领域。2015年，应用心理学曹若一同学被世界著名学府耶路撒冷希伯来大学脑科学研究中心录取，并提供5年全额奖学金直接攻读认知神经科学博士学位。为何想做儿童智力和心理测试研究？曹若一说：“我的导师何义炜博士是该理论创始人的学生，在这个研究上有丰富经验。在他的指导下，我们演化出了一个新的电脑化测量，这是首次在国内实施类似的研究。我们希望通过数据对这个测试的可信度和有效度进行评估，用于完善测验，使之成为一个适用于中国儿童的标准化测量工具。”

在UIC的建设过程中，很多香港的老师和员工对学校的发展倾注了心血，包括学校原副校长徐是雄，原协理副校长陈焕贤和关利平，原理工科技学部院长钟森文，原财务及行政执行总裁陈立信，校长助理林恬在，原学生事务总监黄匡忠，原新闻公关处处长齐禧庆，原信息技术总监、副教务长侯远坦，原财务总监梁显治，原物业及校园发展处处长杨少华，原英语语言中心主任黎凤娟，国际新闻专业教授阮纪宏，英语语言中心老师杨光宗，等等，都为UIC的建设作出了很大的贡献。杨光宗（Pillip Yeung）曾是香港科技大学校长演讲稿撰写人和大学发展与公共事务处高级通信经理，自加入UIC后，一直致力于学生英语读写水平的提高，深受学生欢迎。

徐是雄教授是UIC的创校元老之一，他是理工科技学部的创院院长，后来担任过多年学术副校长，直到2018年退休。他是生物学家，学术和研究成就突出，曾任香港大学生物学教授、生物学系主任及理学院副院长。徐教授在香港事务上非常活跃，2003年获香港特别行政区政府颁发银紫荆星章，曾任《中华人民共和国香港特别行政区基本法》咨询委员会委员、港事顾问、香港特别行政区第一届政府推选委员会委员。他还担任第七、八届全国人大代表，第九、十及十一届全国政协委员，并被授予珠海市荣誉市民。

2010 年 5 月，徐是雄教授（右）与侯远坦博士在工作间隙交流教学。

在 UIC 的十多年里，徐是雄教授对学校的教学、科研发展作出了重要贡献。他负责建立了 UIC 的教务管理系统、质量保障体系、学部体系、委员会管理架构等。除了繁重的学术和行政工作，他还积极参与苑舍文化的建设，关注学生课堂之外的教育。

徐是雄教授非常重视学校与所在地的联系，与珠海的政府部门和企业界进行了密切的合作。他吸引了一大批高层次人才和优秀教师来珠海发展、到 UIC 工作，为珠海科技文化发展、促进珠港教育合作发挥了积极作用。

侯远坦博士是另一位创校元老。在取得香港浸会大学博士学位两年后，他成为 UIC 第一批员工，历年来不辞辛劳，服务于多个教学及行政岗位。在创校初期的艰难条件下，侯博士带领信息技术部门坚持自主研发，并于 2007 年上线教务系统，包含了学生管理、课程管理、成绩管理三大模块，覆盖学生在校的整个学习过程管理，UIC 也成为第一所采用自主研发教务系统的合办大学。

侯远坦博士现任理工科技学部分管教学的副院长。近几年，侯博士在科研方面十分活跃，他的研究方向为自动驾驶、P2P 网络通信以及流媒体传输等。

左龙佩兰教授在 UIC 第 11 届国际研究生教育展上致辞。

左龙佩兰教授是 UIC 香港员工的典型代表。左教授于香港大学取得博士学位，是知名的会计学者，在内地和香港的高校从事教学和管理工作已有 30 多年。她于 2008 年 9 月加入 UIC，出任工商管理学部首任院长，2020 年 9 月担任协理副校长，分管学生发展工作。

不管在什么位置上，左教授都是勤勤恳恳，做出令人瞩目的成绩。她做了十多年的院长，同时把自己的专业会计学做出了品牌，UIC 是内地首家通过香港会计师公会认证其会计学士课程的大学，也是内地唯一通过香港会计师公会认证其专业会计转制课程的大学。会计学是学校里面人数最多的专业，工商管理学部也是学校最大的学院。做了分管学生发展工作的协理副校长后，左龙佩兰教授把学生实习、暑期课程、招生考试等事项管理得井井有条，彰显了敬业、细致的优秀品质。

2020 年 9 月，在珠海市召开的庆祝 2020 年教师节暨表彰大会上，左龙佩兰教授荣获“珠海市优秀教育工作者”称号。

在 UIC 的成长过程中，还有来自世界上 30 多个国家的外籍老师为学校的发展贡献了力量，包括已故的文化与创意学部首任院长柯拜仁（Brian Clarke），人文与社会科学学部院长贝力行（Adrian Bailey）、副院长 Charles Lowe 和 John Corbett，文化与创意学部院长 Holger Briel，全球化与发展专业课程主任 Edoardo Monaco，应用心理学专业助理教授 Thomas Huggins，等等。其中一些老师在学校工作了10年以上，见证了学校从小到大、逐步变强的历史。

Brian Clarke教授是英国威尔士人，他于2018年9月1日加入UIC，于2019年8月18日去世，享年67岁。在Brian Clarke教授担任文化与创意学部院长的这一年里，他全身心地投入学部的工作中，并对文化与人之间的联系有着深厚的兴趣。他待人热情真诚，乐于助人；他不仅是一位在研究领域取得了显著成就的科学家，更是一位热爱音乐的艺术家。在UIC期间，他多次在音乐会上表演，为学校师生带来欢乐的同时，也让大家看到了他对音乐的热忱。

尽管我于2019年2月才加入UIC，还没有机会与他结下太深的友谊，但Brian Clarke教授真诚的为人与在大提琴上颇高的造诣都给我留下了深刻的印象。记得当年6月份暑假前，学校举行了一个音乐会，Brian Clarke教授和太太同台演出，一个弹钢琴，一个拉大提琴，气氛非常好。没想到一个多月后，他就在家乡度假期间溘然长逝。

外籍老师里面另一个代表人物是Katharina Yu（于琳娜）博士，她来自德国，在慕尼黑大学取得博士学位，能说一口流利的中文。Katharina Yu于2010年加入UIC，曾任外国语言与文化中心主任，后任国际发展处处长。12年来，Katharina Yu在支持UIC的国际化发展、促进多元文化交流方面不遗余力。在她的带领下，国际发展处积极维护UIC的国际合作院校网络，通过招收国际学生，与境外高校开展交换生项目，组织学生参加海外暑期课程，举办国际博雅教育论坛，落

国际发展处处长Katharina Yu博士在介绍UIC交换生项目。

实学校与境外大学的短期合作项目，为学生提供了宝贵的国际化学习体验，也为营造国际化的校园环境作出了重要贡献。此外，Katharina还教授德语课程，指导学生组织德国文化活动，增进师生对中德文化的了解。

为李宁宁和陈立信举行的荣休午餐。

对学校有贡献的老师或员工的荣休，学校也非常重视。比如2022年6月下旬，学校就举行了一个温馨的午餐告别会，送别长期服务于学校的校长助理李宁宁女士和财务及行政执行总裁陈立信先生。除了校领导参加以外，他们曾经领导的行政部门的同事基本上全部参加，近百人齐聚教师俱乐部，向他们致敬。除了丰盛的午餐、感人的发言，学校给二位荣休人员的礼物也很特别，那是他们在学校期间参加各种活动的影集，记载了他们在学校工作期间的峥嵘岁月。

写到这里，我要在此感谢我们这些敬业的同事们。他们来自五湖四海，为了建设UIC、为了实现博雅教育的目标聚集在珠海，奉献在UIC。UIC要永远记住那些为学校的发展、为人才的培养作出贡献的教师和员工们。

大学对教师的管理主要体现在服务，而且是有情怀的服务。重视人文情怀的管理服务会给人以亲切和舒服的感受。浓厚的人文情怀氛围会在不经意中激发老师们的教学与科研积极性，从而提升大学的整体办学水平。

善待老师，善用老师，让老师们一心一意地教书育人，这应该是UIC永远需要保持的传统。

第十六章

硕果累累

自 2005 年成立至今，UIC 已发展成为一所拥有独特教育理念的国际化大学，设有工商管理学部、文化与创意学部、人文与社会科学学部和理工科技学部 4 个学部，目前在 29 个本科专业（方向）招生。学校还拥有一支来自 30 多个国家和地区的优秀师资队伍，其中具有海外教育背景的专任教师比例为 76%，外籍专任教师占比高达 51%。目前，学校已引进数十位高水平学者，进入上海交大软科排名全国高校高端人才榜百强。

建校 17 年来，学校共培养了 1.5 万名本科毕业生，选择深造的逾七成进入全球前百强大学，深造学校包括牛津大学、剑桥大学、耶鲁大学、芝加哥大学、伦敦大学、哥伦比亚大学、帝国理工大学、澳大利亚国立大学、悉尼大学、新加坡国立大学、香港大学、香港科技大学等知名学府；部分学生选择境内考研，深造学校包括北京大学、清华大学、复旦大学、北京师范大学等。近年来，毕业生深造率居全国第六、境外升学率居全国第三。

就业的学生备受世界 500 强企业、国际四大会计师事务所、知名金融机构和政府机构的青睐。不少选择创业的学生已取得不错的成就，2019 年和 2020 年连续两年有校友入选福布斯 30 岁以下精英榜、胡润 30 岁以下创业领袖榜。

在过去的十几年，UIC 的毕业生主要选择还是去境外继续深造。从 10 年前的百分之五十几，到近几年的百分之七十几，比例越来越高。并且大多数选择出境深造的学生可以拿到名校的录取通知书。

以 2021 届毕业生去向为例，按照教育部公布的毕业生毕业去向落实率计算公式，截至 2022 年 3 月 2 日，UIC 毕业生的去向落实率为 90.15%，剩余 9.85% 的毕业生因等待考研、考公务员结果等原因在数据截止前尚未落实去向。

QS前100名校录取人数

序号	2022排名	院校		国家/地区	录取人数
1	07	Imperial College London	帝国理工学院	United Kingdom	2
2	08	University College London	伦敦大学学院	United Kingdom	69
3	11	National University of Singapore	新加坡国立大学	Singapore	11
4	12	Nanyang Technological University	南洋理工大学	Singapore	2
5	13	University of Pennsylvania	宾夕法尼亚大学	United States	2
6	14	Yale University	耶鲁大学	United States	1
7	16	University of Edinburgh	爱丁堡大学	United Kingdom	38
8	19	Columbia University	哥伦比亚大学	United States	7
9	22	University of Hong Kong	香港大学	Hong Kong, China	32
10	23	University of Michigan, Ann Arbor	密歇根大学安娜堡分校	United States	3
11	25	Johns Hopkins University	约翰霍普金斯大学	United States	8
12	27	Australian National University	澳大利亚国立大学	Australia	7
13	27	The University of Manchester	曼彻斯特大学	United Kingdom	25
14	30	Northwestern University	西北大学	United States	1
15	34	The Hong Kong University ofScience and Technology	香港科技大学	Hong Kong, China	48
16	35	King's College London	伦敦大学国王学院	United Kingdom	16
17	37	The University of Melbourne	墨尔本大学	Australia	16
18	38	The University of Sydney	悉尼大学	Australia	62
19	39	The Chinese University of Hong Kong	香港中文大学	Hong Kong, China	43
20	42	New York University	纽约大学	United States	7
21	43	The University of New South Wales	新南威尔士大学	Australia	48
22	47	The University of Queensland	昆士兰大学	Australia	18
23	49	London School of Economics and Political Science	伦敦大学政治经济学院	United Kingdom	13
24	53	Carnegie Mellon University	卡内基梅隆大学	United States	1
25	53	City University of Hong Kong	香港城市大学	Hong Kong, China	42
26	55	University of Amsterdam	阿姆斯特丹大学	Netherlands	3
27	58	Monash University	莫纳什大学	Australia	2
28	61	The University of Warwick	华威大学	United Kingdom	106
29	62	University of Bristol	布里斯托大学	United Kingdom	12
30	64	Ludwig-Maximilians-Universität München	慕尼黑大学	Germany	2
31	66	The Hong Kong Polytechnic University	香港理工大学	Hong Kong, China	63
32	70	Katholieke Universiteit Leuven	鲁汶大学	Belgium	2
33	73	University of Glasgow	格拉斯哥大学	United Kingdom	40
34	74	Korea University	高丽大学	South Korea	1
35	77	University of Southampton	南安普敦大学	United Kingdom	78
36	82	Durham University	杜伦大学	United Kingdom	22
37	82	University of Illinois at Urbana-Champaign	伊利诺伊大学香槟分校	United States	4
38	90	University of Birmingham	伯明翰大学	United Kingdom	8
39	91	University of St Andrews	圣安德鲁斯大学	United Kingdom	1
40	92	University of Leeds	利兹大学	United Kingdom	7
41	94	Rice University	莱斯大学	United States	1
42	95	The University of Sheffield	谢菲尔德大学	United Kingdom	12

学生职业发展处
CAREER DEVELOPMENT OFFICE

由于有全英文教学，UIC 学生在申请出国深造时具有一定的优势。他们很适应境外的学习方式。2021 年，UIC 共有毕业生 1523 人，境内外总升学率约为 74.5%。其中，选择出国或出境升学的有 1096 人，约占毕业生总数 72%，在选择深造的毕业生中八成以上进入 QS2021–2022 排名前 100 的世界名校。其他 219 名毕业生选择直接就业，就职地区以粤港澳大湾区城市和北京、上海为主，就职前五的行业领域为商务服务、软件和信息技术、教育、货币金融、研发。自主创业也是部分毕业生尝试的方向。2021 年 UIC 共有 20 名毕业生选择创业或自由职业，他们从事商业服务、媒体艺术、社会服务等行业。

软科中国大学排名　2019届本科毕业生深造率排名

排名	学校名称	省市	类型	总深造率	国内升学	出国(境)留学	软科中国大学排名
1	西交利物浦大学	江苏	理工	86.5%	0.0%	86.5%	合作4
2	宁波诺丁汉大学	浙江	综合	84.4%	1.9%	82.5%	合作3
3	清华大学	北京	综合	76.8%	53.3%	23.5%	1
4	香港中文大学(深圳)	广东	综合	75.7%	9.5%	66.2%	合作1
5	上海科技大学	上海	综合	75.2%	36.7%	38.5%	62
6	北京师范大学-香港浸会大学联合国际学院	广东	综合	75.1%	2.3%	72.8%	合作5
7	中国科学技术大学	安徽	理工	74.2%	49.4%	24.8%	7
8	北京大学	北京	综合	73.5%	43.5%	30.0%	2
9	北京航空航天大学	北京	理工	73.2%	52.6%	20.6%	13
10	复旦大学	上海	综合	69.7%	39.9%	29.9%	6

2020年8月，“软科中国大学排名”系列发布2019届本科毕业生深造率排名，UIC位居全国第六，出国（境）留学率排名全国第三。本次排名对象为中国1200多所本科层次的高校，榜单展示了本科毕业生总深造率前两百强的学校。

从部分校友的成长过程，可以看到学校博雅教育的成果。

贾凡，UIC 2014届会计专业毕业生、蜜蜂科技Bee+创始人兼首席执行官，带领他的90后团队探索办公和生活空间的变革。贾凡曾入选阿里巴巴集团30位全球遴选的2014年全球梦想家、2016年珠澳十大创业领袖人物，并入选福布斯30岁以下精英榜、胡润Under 30s创业领袖榜，成为粤港澳大湾区青年的一位创业典范。

2010年，来自内蒙古呼和浩特市的贾凡入读UIC。从应试教育一路踉踉跄跄走过来的贾凡，到了这个开放自由的环境后，马上恢复了“不安分”的本性。他组织大一学生参与学生会内阁竞选，最终以微弱差距惜败高年级同学的团队。之后，他拉起原班人马，成立了“思成·筑梦——大学生实践团体”，基于“行成于思”的理念，意在社会实践中追寻梦想。这支团队成立之后就开始了轰轰烈烈的“社会实践”，从公益到创业，一个个成功的项目终于让大家对这名90后刮目相看。

其中最为人称道的项目便是“贵州希望小学筹建计划”。2012年春节，贾凡偶然在电视新闻中看到了贵州省毕节市纳雍县曙光乡的陈家寨小学的介绍，大山里儿童艰难求学的情况深深震撼了贾凡。他隐隐觉得他和社团或许可以做点什么。当年3月份，他就决定亲自到陈家寨走一趟。回校之后，贾凡发起了募捐活动，目标是100万人民币，要为山区里的孩子建一所新的小学。

在接下来的3个月时间里，贾凡带领50多名大学生到了贵州、内蒙古、湖南三地四市，发动了近3000名志愿者进行街头募捐，最终他们成功筹到100万

2013 年，陈家寨小学开学典礼，贾凡等同学一起见证了这个时刻。

人民币。加上纳雍县政府匹配的 140 万，这所希望小学于 2013 年 9 月建成投入使用。这是中国第一所由大学生发起并建立的希望小学。2013 年 7 月 5 日的《人民日报》以要闻版全版篇幅刊登《21 岁，建一所希望小学》的报道，高度赞扬这群勇于担当、敢于追梦的 90 后。

为了回馈母校，鼓励青年学子全方位发展，2019 年贾凡在母校设立了“蜜蜂科技 Bee+ 奖学金”。

从香港到 UIC 读书的戴健进同学，在香港中学毕业后，了解到 UIC“采取香港办学模式，同时坐落内地，正可让我一开眼界，走出香港了解内地情况”，于是决定到珠海求学，2011 年入读应用心理学系。他认为：“内地近年发展迅速，内地人在消费方面会有更多追求，衣食住行等各方面均见提升空间，因而造就商机。”他在大三时已跟同学凑钱开餐厅，扩展业务期间需要在外找办公室，机缘巧合下发现更大商机，最后与贾凡等 9 位校友共同创办蜜蜂科技。戴健进于 2020 年入选福布斯 30 岁以下精英榜。

珠海云游道科技公司的创始人兼 CEO 是 UIC 2010 届政治与国际关系专业毕业生陈家欣。云游道科技旗下产品极简汇率是一款实用的汇率查询和换算工具，用户可以在超过 210 种法定货币之间自由查询和换算实时汇价，这款 App 全球累计下载量过亿人次，用户覆盖全球 160 多个国家和地区。在 2019 年珠海市独角兽企业培育库名单中，陈家欣的公司入选为“种子企业”。

蜜蜂科技 9 名创业团队成员均为 UIC 毕业生；左四为贾凡，右二为戴健进。

董圣焜（右）与 UIC 的老师阮宾皓博士。

董圣焜在 2011 年毕业于 UIC 环境科学专业，在美国伊利诺伊大学完成硕士和博士学习后，在该校土木与环境工程系完成博士后训练。董圣焜的主要研究方向为水质安全管控，不少创新研究成果被食品农业所和环保机构采用。他学成回国后任教于中山大学土木工程学院，大学毕业不到 10 年就在这所国内名校担任副教授。

董圣焜表示，在 UIC 读本科的时候，通过专业的实验课和毕业项目，他熟悉了科研的基础流程、方法等。“本科期间的实验经历让我懂得了注重细节和发挥想象力的重要性。UIC 也培养了我们在英文环境下的理工科思维。”

如今的董圣焜担负着本科生和研究生的教学工作与科研任务，他时常回忆起以前在 UIC 充实的时光。他说："大学除了学习知识，也要学习和别人打交道。高桌晚宴、暑期项目等有助同学们开阔视野，塑造积极、开朗的精神面貌。"

孙明哲 2015 年入读 UIC 文化创意与管理专业，2019 年毕业后在墨尔本大学攻读艺术与文化管理硕士学位。之后，他收到了剑桥大学的哲学硕士录取通知书。

"如果没有 UIC 与众不同的教育理念，我根本不可能一步步申请到剑桥大学。"孙明哲说，"UIC 为我们提供了很多领域的学术知识，文理兼通的课程设置能使学生打破思维和知识的边界。"除了课程的宽度，他还看到博雅教育对学生多方面能力的培养，"课程鼓励学生努力思考，主动参与，而不是被动地接受知识。"

在 UIC 遇到的良师益友，让孙明哲收获良多。回忆起启蒙他学术思维的毕业论文导师 Barend Venter 博士，他总是充满感激。有次聚餐后，导师和他准备去喝咖啡，途经一条街道，导师问他："刚刚经过这条街后，你想到了什么？"孙明哲愣了一会儿，对他来说这就是平常走路，从没想过要思考问题。既然导师问起，他就努力回想这条街的样子。他想到，这条街的名字取自外国历史名镇，可能想打造成文创市集，但在整条街上很难找到相关的元素。他对导师说，很多人想法可能非常好，但是实际表达出来的内容有一定落差，这是文化创意产业常出现的问题。

孙明哲和 Barend Venter 博士。

Venter 博士很满意他的回答，对他说："你有很强的分析能力，但是你容易错过身边非常有价值的东西。你需要善于发现身边的细节，然后通过细节去发问，去寻找问题的根源。”

孙明哲也十分感谢 UIC 的法语老师 Sophie Dubois-Pepin。“Sophie 为了帮我营造良好的法语环境，经常全程用法语和我聊天。很怀念我们还有她儿子坐在餐厅畅聊的日子。”带着对法国文化的兴趣，孙明哲大三前往知名的 IÉSEG 高等商学院当交换生，不仅增长了专业知识，也扩大了眼界。有意思的是，这段经历才让他开始真正对艺术产生兴趣。他说：“亲眼所见名作带来的冲击力，唤醒了我对艺术的喜爱。”

安英昭是 UIC 2013 届国际新闻专业毕业生，硕士毕业于伦敦政治经济学院人类学系中国比较研究专业。从 2015 年至今，任中国新闻社特稿中心记者及新媒体项目执行负责人。在 2016 年菲律宾南海仲裁案事件中，喜欢文学的他借鉴了金庸武侠小说的体系和写法撰写评论文章，以通俗的口吻和强有力的声音，向国际传达了中国在南海问题上的严正立场及美国作为域外国家无理干涉的事实。文章在所刊境外新闻网站获当日点击量第一，给西方主导的国际舆论带来冲击。该评论文章获得第 27 届中国新闻奖。

安英昭在全国人大会议媒体开放日上提问。

回忆起在 UIC 的学习生涯，两位恩师的教诲让安英昭受益至今。新闻学副教授阮纪宏博士在 09 级国新班的“开学第一课”上反复叮嘱：“要读新闻，养成读新闻的习惯。”这句话成为在安英昭感到倦怠时鞭策他的警句。中国语言文化中心的董铁柱老师也曾说，新闻写作需要把握得当，应在符合规则和伦理的基础上批判性地解读事件，而非片面地发表自己的观点，这便是“戴着镣铐跳舞”的难度和魅力所在。对安英昭而言，这正是驱使他持续写作的重要动力。

UIC 2012 届国际新闻专业校友萧深是国内知名综合体育解说员，在央视、新浪、乐视、腾讯、中国体育直播等平台都有过解说经历。他是国内美式橄榄球王牌解说员，曾到美国“超级碗”现场解说了 6 届赛事。他是国内首个全程跟踪报道环法自行车赛的新媒体记者。2017 年，萧深以合伙人的身份加入体育产业生态圈（后改名为“ECO 氪体”）。ECO 氪体经过几年来的发展，已成为一家体育产业传播及整合服务公司。

UIC 2012 届国际新闻专业校友萧深。

萧深很感激在 UIC 4 年大学生活的磨炼。他说：“我觉得 UIC 的全人教育和博雅教育不是要拿 4 年时间培养一个全面的人，而是通过实践让你知道你可能擅长或不擅长什么、对什么感兴趣或不感兴趣。UIC 不仅培养了我的见识，也激发了我追求爱好的勇气。”

影视学专业首届毕业生卢川，2010 年毕业后在香港当了一年编剧，后进入香港浸会大学电影学院读研。他凭借作品《弄佛人》《漂浮岛》等作品获得众多奖项，并入选为台湾金马电影学院学员。他也是学校首部宣传片《UIC 与你一同成长》的导演、编剧。

影视学专业 2017 届毕业生林琴琴的毕业作品《绿洲》入围第 47 届威尼斯国际电影节，荣获成龙电影艺术馆微电影大赛最佳影片奖、第 25 届北京大学生电影节和第 19 届大学生原创影片大赛最佳剧情片奖。林琴琴毕业后于北京电影学院攻读制片管理的研究生学位。

金马奖最佳导演奖得主伍刚为林琴琴颁发最佳影片奖，林琴琴为 UIC 2017 届毕业生。

2018 届环境科学专业王小毛在大学期间开展珠海海草床调查研究。唐家湾鸡山桥一带是珠江口西岸已知的唯一一块国际濒危热带海草——贝克喜盐草的海草床。在研究课题完成之后，王小毛得知唐家湾海草床处于珠海情侣路沙滩修复项目范围内，这片稀有的海草床即将被沙滩覆盖而不复存在。王小毛决定为海草床“发声”。在中央环保督察组和珠海高新区政府的重视下，沙滩修复方案最终得到了调整，贝克喜盐草海草床被保护了下来。

UIC 走出的流行音乐女歌手冯沁苑。

从 UIC 毕业后，王小毛进入密歇根大学安娜堡分校攻读生态与进化生物学和自然资源与环境学双硕士学位，如今在中国科学院西双版纳热带植物园综合保护中心工作，她期待继续为生物多样性保护贡献自己的力量。

UIC 2019 届国际政治（现全球化与发展）专业毕业生里走出了一位音乐人。冯沁苑在 UIC 读书时，因为演唱《起风了》《旧岛看月亮》等歌曲而备受关注。

毕业后，她继续快乐地走在演唱之路上，成为了流行音乐女歌手。2020 年 7 月发布首支个人单曲《极昼青春》，2021 年 10 月发表新的单曲《有光》，2022 年 3 月参与作词并演唱了《最后一卷胶片》。

唱歌这个梦想得以延续，得益于 UIC 丰富的社团生活。冯沁苑回忆道："UIC 对各类活动的举办给予了比较大的自由度，我加入 iMUSIC 音乐社，组建了我自己的学生乐队'甜孩乐队'，后来也作为主唱加入了以爵士风格为主的'黑蕉乐队'，我们一起排练、参加 Bandshow，积累了一些现场演出的经验，也发现了自己在演唱上的一些天赋。有时录音和表演需要出差会耽误课程，但教授们也都很支持！"在热爱和天赋的加持下，她正式作为音乐人出道。

在 UIC 结缘最后组建幸福家庭的也有很多对。UIC 食品科学与工程专业毕业生罗嘉锵和吴同就是典型的例子。

2010 年，来自广州的罗嘉锵和来自昆明的吴同都被 UIC 食品科学与工程专业录取，开始了 4 年美好的大学时光。大三做毕业研究项目时，他们暑假在学校待了两个月，每天都一起泡在实验室。那是他们第一次独立做自己的实验项目，从文献综述到做实验、处理数据、写文章，都是很大的挑战。在徐宝军教授的指导下，罗嘉锵和吴同作为共同作者的两篇毕业研究项目论文都成功发表在了学术期刊上。

从 UIC 毕业后，罗嘉锵和吴同一起到澳大利亚墨尔本大学食品科学专业读研，硕士毕业后，他们双双获得全额奖学金，吴同在莫纳什大学攻读化学博士学位、罗嘉锵在墨尔本大学攻读农业科学博士。从本科到博士，罗嘉锵已在权威学术期刊发表了 11 篇学术文章，吴同发表了 5 篇学术文章。吴同关于新型功能蛋白食品的博士研究项目目前正在澳大利亚申请专利认证。

2019 年，罗嘉锵和吴同回到国内举办婚礼，许多 UIC 的老师和同学都到场庆贺，成为了这段美好爱情故事的见证者。2021年，两人迎来爱情的结晶，从一起做实验的“学霸夫妻”变成了共同养娃的新手爸妈。

吴同（左）、罗嘉锵（右）与本科毕业论文指导教授徐宝军。

UIC校园里有时还可以看到不只一对的双胞胎兄弟或姐妹。

李嘉智与李嘉慧高中就读于广州中学，2016年选择大学时她们都对UIC情有独钟，但由于姐妹俩有着不同的个性和兴趣，分别选择了媒体艺术与设计专业和政治与国际关系专业。一起出生、一起成长、一起到UIC求学，同校19年的双胞胎姐妹李嘉智与李嘉慧毕业后又一起拿到了伦敦大学学院等名校的研究生录取通知书，然而这一次她们将选择“分开”追梦。毕业后，姐姐李嘉智选择前往伦敦大学学院艺术与设计教育专业深造，妹妹李嘉慧则选择前往香港科技大学公共政策专业读研。

“UIC是一所包容开放的大学，有广泛的专业选择，并且有丰富的通识、全人教育等课程，让我们能更深层地去挖掘不同的兴趣。”李嘉慧说。在UIC的4年，姐妹俩一起成为朋辈导师、一起拿奖学金、一起成长与蜕变。在姐姐眼里，妹妹李嘉慧变得更胆大心细，社交能力强；在妹妹眼里，姐姐李嘉智则更自律，目标清晰。在UIC，这对长相相似、性格却不尽相同的姐妹找到了各自的发展方向。

UIC校园里面有时候还可以见到“冠军”学生。

UIC 2021级传播学专业硕士研究生全慧临从11岁开始练习专业滑雪，退役前她是中国自由式滑雪空中技巧国家队运动员。天分加上日复一日的刻苦训练，铺就了全慧临的成功之路：她曾获得全国冬季运动会冠军，2012 年和 2013 年蝉联两届世界青年锦标赛冠军，2016 年获国家体育总局授予“国际级运动健将”称号。

2018 级统计学专业的吴雨霏，在中国围棋大会混双赛中，与来自上海财经大学的尹承杰搭档勇夺冠军。2019 中国围棋大会比赛有单人、双人、三人、团体、对抗、表演等多种形式，是迄今世界上包含围棋竞赛项目最多的围棋盛会，当年参加预赛的人数达 2 万多人。混双赛要求每对参赛者为异性，双人联棋，职业棋手按 9 段计算，两人段位相加不超过 13 段。决赛当晚，盘上战火不断。吴雨霏与尹承杰在逆境中敏锐抓住对手失误，最终成功逆转，以 7 连胜的战绩夺取冠军。

2018 年入学后不久，吴雨霏还曾与另外两位 UIC 同学（2018 级金融数学专业的丁弋洋和胡毅嘉）一起在粤港澳大湾区大学生围棋联赛中获得亚军。有趣的是，他们从小开始一起下棋，又一起考上 UIC，携手获奖，一时传为佳话。

第十七章

学科与专业

UIC 共有 4 个学部，分别是工商管理学部、人文与社会科学学部、理工科技学部、文化与创意学部。

工商管理学部是 UIC 最大的一个学部。学部提供综合性的会计、财务、经济及管理专业教育，通过国际化的课程设置、互动的教学方式，传授并引导学生将专业知识运用到真实的商业世界。学部目前提供 7 个本科专业，分别为会计学、财务管理、应用经济、人力资源管理、市场营销管理、电子商务与资讯系统管理、创业与创新管理，以及 1 个授课型硕士研究生课程——传媒管理专修硕士课程。学部也与香港浸会大学联合培养研究型硕士、博士研究生。

工商管理学部现有学生近 3000 名，教学团队由百余位从世界各地聘请的学者组成。这些学者毕业于世界知名学府，具备丰富的教学研究或行业经验。建院以来，学部非常重视理论与实践相结合的教学方法。课堂内，教师通过全英文教学提高学生英语水平，用讲义、测验传授专业知识，并利用互动学习模式培养学生的分析与表达能力，增强学生的沟通能力与自信心。课堂外，学部邀请会计专业人士、银行家、企业高管、人力资源主管、信息技术专家等不同领域的知名人士来校，为学生举办职业发展和专业讲座、高桌晚宴，为学生的职业规划打好基础。

2012 年 4 月 25 日，香港会计师公会会长包凯（左四）祝贺 UIC 设立内地首家 QP 课程资源中心，右四为左龙佩兰教授。

会计学是学校里面人数最多的专业，由长期担任工商管理学部院长的左龙佩兰教授建立。会计专业遵循会计教育规律，发展和健全以国际专业准则为主导的会计教学体系；在职业实践领域，通过国际知名职业机构的课程认证扩大专业的声誉。UIC 是内地首家通过香港会计师公会认证其会计学士课程的大学，也是内地唯一通过香港会计师公会认证其专业会计转制课程的大学。

财务管理专业旨在培养具备金融投资与财务管理的专门人才，培养学生具备财务管理、经济、法律、金融及投资等方面的基本知识和专业能力，为其将来从事金融、财务管理等相关领域的工作或研究做好准备。财务管理的专业课程包括：投资管理、公司财务学、期货及期权市场、应用计量经济学、财务策划与投资分析、银行与信贷、定息证券、国际金融、金融数学、金融预测、财务风险管理、商业价值评估、中国金融市场。

应用经济专业是UIC创校首批设立的专业之一。现代经济学利用严谨的数理逻辑和数据统计分析方法来研究社会资源配置、成本收益核算的问题，同时也构建博弈、预测、仿真、计算等新的科学方法来解决这些问题。应用经济学专业旨在培养学生掌握运用现代经济学理论与逻辑来判断与解决各类现实问题的能力。专业课程设置融合经济学与现代企业的管理实际，通过国际一流的师资和紧贴国际财经市场发展动态的教材塑造学生的国际视野，同时强调培养学生使用数据工具分析、评估和优化政府政策与企业商业方案的技能。2020年，应用经济专业被评为广东省一流本科专业建设点。

人力资源管理专业通过一套完整的专业课程，培养学生系统掌握人力资源管理理论知识和实践技能，具备经济学、管理学、心理学的基础知识，精通人力资源相关法律法规。在学业上，让学生了解各种不同的管理概念和技术，包括战略管理、人力资源管理、人才发展、领导力和革新、组织文化和跨文化人力资源管理、劳动法和劳资关系方面的理论，并且培养学生具有良好的职业素养和人文精神，德才兼备。

市场营销管理专业旨在培养学生掌握市场管理知识及技能，提高对国际市场营销走势的洞察力，能够制定市场营销商业战略方案，推动企业长久发展。其专业的目标是：让学生掌握企业架构的基础知识，掌握营销功能模块的特点及基本原则，掌握市场营销管理在企业战略发展过程中的应用理论和实践知识，并且鼓励学生发展逻辑性、分析性和创造性思维，以使他们成为创新型的营销人才。

电子商务与资讯系统管理是工商管理学部的新兴专业之一，着重培养学生熟练运用信息科技的能力，特别要培养学生在大数据环境下的商业分析技能，利用大数据分析结果支持电子商务产业发展；精准掌握甚至预测消费者行为，协助企业进行科学决策。本专业学生将学习电子商务平台、企业信息系统、数据库、移动互联应用、社交媒体工具的设计、运营及推广等。这个专业不仅系统讲授专业知识，更强调商业实战，通过大量的企业案例讨论和商业项目实践，使学生兼备深厚的系统开发与管理能力。

创业与创新管理除了开设财务会计、经济、市场营销等商科核心专业课程，还提供多门特色专业课程用以培养学生创业思维、创新管理、电子商务等方面的能力。专业课的教学有机结合案例分析、模拟实验、小组研讨、客座讲座、校外考察、企业调研等多种教学形式。以项目为驱动的学习是本专业的重要特征之一，各门专业必修课都辅以团队创新项目的研究，包括项目计划书、创新项目市场拓展方案、融资方案等，并积极鼓励合适的项目参与高水平创业大赛。

在人才培养方面，UIC 大力提倡工商管理学部的学生学以致用，和时代接轨，多参加国际接轨的培训，多参加高水平创新创业大赛。比如，UIC 连续多年参加全国大学生电子商务“创新、创意及创业”挑战赛（简称“三创赛”），并屡获佳绩。“三创赛”是在 2009 年由教育部高校电子商务类专业教学指导委员会主办的全国在校大学生学科性竞赛，旨在激发大学生创新兴趣与潜能，提升大学生创新意识、创业能力以及团队协同实战能力。

2021 年，第 11 届“三创赛”广东赛区省级选拔赛结果公布，UIC 共有 8 支队伍在比赛中取得佳绩，获得特等奖 1 项、一等奖 1 项、二等奖 3 项、三等奖 3 项。战歌博士获最佳指导老师奖，Hendrik Appelgryn 博士、Chankyung Pak 博士、祁云贵先生获优秀指导老师奖。由 UIC 学生周芸如、郑钰滢、李思乐、李柔昊、林晋伟共同打造的“自由美”大码女装电商平台项目在比赛中斩获特等奖。本次广东省赛共有来自 52 所高校的 2100 多支团队、12000 多名学生参赛，在强手如云的竞争中取得如此优异的成绩，充分反映了学生们的实力。

第 11 届“三创赛”中获得特等奖的 UIC 团队。

工商管理学院现任院长是刘文斌教授。刘文斌教授于英国利兹大学获得应用数学博士学位。他的学术生涯始于中国中南大学，1991 年至 1994 年期间执教于英国帝国理工学院，自 1995 年起任职于英国肯特大学，曾出任肯特大学商学院管理科学与计算数学讲座教授、管理科学专业主任以及中英工商管理联合研究所所长，拥有丰富的行政管理和教学研究经验。

人文与社会科学学部覆盖了广泛的文科和社科专业范畴。学部开设的课程除了培育学生的专业技能，更进一步探索人文精神与社会面貌。从 2022–2023 学年开始，学部的一年级本科新生会被分到两个大类和一个专业，即外国语言文学大类（包含应用翻译学专业和英语语言文学专业）、新闻传播学大类（包含传播学 – 媒体与传播学专业、传播学 – 中华文化与国际传播专业、传播学 – 公共关系与广告学专业），以及社会学专业（包含全球化与发展专业、数字社会科学专业）。学部同时也开设授课型传理学文学硕士课程、授课型社会工作硕士课程。

应用翻译专业为学生提供卓越务实的专业翻译培训教育，培养具有扎实的语言基础，广博的文化知识，娴熟的口笔译技能，能够胜任外事、商贸、科技、文化、教育等部门翻译工作的应用型人才。翻译学也是香港浸会大学一个传统优势学科，具有优秀的教师资源。

英语语言文学专业旨在为学生提供坚实的英语学习基础，严格训练学生的听、说、读、写四项基本能力。在此基础上，为学生提供 3 个专修方向：专业英语传意、英语文学研习和英语作为第二语言教学。

媒体与传播学专业致力于培养未来一代传播及文化领域的专业人士，强调过硬的写作思辨技能和全面的媒体素养训练，让学生不但具备良好的公共意识和国际视野，同时在新闻报道、纪录片制作等技术领域获得充足的实践机会。

中华文化与国际传播专业的目标是对学生进行跨学科的训练，涉及传播艺术、媒体研究、经典研读、文化熏陶等，在批判性思维、实践能力、历史洞察力、现实意识、国际视野、本土观念等方面对学生进行综合培养。

公共关系与广告专业通过系统地学习传播学、广告学、公共关系学等理论知识，结合比赛、实习等实践活动，让学生得以熟练掌握传统媒体和新媒体的传播规律，灵活运用前沿传播沟通理论和方法，具备调研、策划和创意能力，成为融合媒体时代的新型公关与广告人才。

全球化与发展专业是一个别具一格、综合性极强的学习平台。它将前沿的国际事务与相关的科技知识融合在一起研究和学习。此专业的目标是为明天的“管理者”提供独特的国际化视野和坚实的数字化技能培训，让他们能在国内外的公共管理机构、跨国公司、金融机构、非营利机构、智库及研究机构中发挥管理作用。

在学生培养方面，人文社科学部重视学生的团队能力、国际化能力，鼓励学生参加国内外的活动、暑期班，以及各种竞赛。比如在《中国日报》“2021 大学新闻奖”竞赛中，多位 UIC 学生积极参与并取得佳绩。在香港举行的颁奖

《中国日报》"2021大学新闻奖"颁奖典礼在香港举行。

礼上，来自UIC媒体与传播学专业的16名学子在新闻写作、专题视频、专题报道等英文组项目中获得一等奖2项、二等奖2项、三等奖2项，在包括清华大学、南京大学、香港中文大学、香港浸会大学等54所高校770份中英文参赛作品中脱颖而出。实际上，这是UIC同学们首次参加《中国日报》新闻大赛，其中参赛作品大多是学生们报道课的作业，充分体现了UIC高质量的教学水平。

UIC在人文社科方面，国际化特色明显，高水平学者众多。UIC人文与社会科学领域在世界范围内招聘了众多一流学者，为优质教学打下了良好的基础。常务副校长陈致教授是国际知名的汉学家，在他的领导下，UIC创建了中华文化与国际传播专业，招聘了国际知名的汉学家韩子奇教授担任系主任，队伍里有古文字学家陈家宁博士，毕业于牛津大学的汉学家葛觉智（Yegor Grebnev）博士，哈佛大学博士后、日本汉学研究专家刁小龙博士等。社会学系主任王翔教授是斯坦福大学的博士、国际知名的佛教研究学者，奥地利籍社会学家

Christian Aspalter 教授是国际知名的社会管理学者；英文系主任 John Corbett 教授是著名的英国语言学家，曾担任格拉斯哥大学教授；外语中心主任 Carlotta Viti 教授是意大利人，世界著名的古代语言学者，她本人精通 18 种语言文字；外语系的陈湛博士，北京大学数学系本科毕业，哈佛大学近东学专业博士毕业，精通多国文字，所开设的拉丁文课程深受学生喜爱；罗马尼亚学者 Arina Rotaru 为康奈尔大学德国近代史博士，研究古埃及学的 Julien Cooper 博士是耶鲁大学博士后，Christian Langer 是柏林自由大学博士。UIC 人文与社会科学领域还有从香港大学过来的地理学家赵晓斌教授、知名教育学者毛亚庆教授、科技哲学学者李建会教授、著名墨家学者黄蕉风博士等等。

人文与社会科学学部院长 Adrian Bailey 教授是一位杰出的地理学家，于 1989 年获得美国印第安纳大学地理学博士学位，2013 年当选为英国社会科学院院士。Adrian Bailey 教授曾于 1989 年至 1999 年在美国达特茅斯学院担任地理学副教授，1999 年至 2010 年在英国利兹大学担任教授。他于 2010 年加入香港浸会大学担任社会科学学院院长。

理工科技学部主要培养 9 个专业的本科生，包括：应用数学、应用心理学、人工智能、计算机科学与技术、数据科学、环境科学、金融数学、食品科学与工程、统计学。学部还开设了传播学文学硕士－人工智能与数码媒体专修授课型硕士课程。学部开设的专业旨在为学生提供全面深入的专业知识，并注重学生社会意识和个人修养的全面发展，培养应用型、复合型的专才，使学生在相关领域有良好的职业发展。

理工科技学部目前在校本科生有 2300 余人，专职教师近百人。每一专业的教师都来自世界各地，有丰富的教学和研究经验。另外，学部为学生提供多元化的课外学习机会，例如实地考察、与企业合作开发科研项目、组织到企业去实习等，使学生活学活用，增强动手实践能力，积累工作经验，为处理真实世界中的复杂问题及毕业后继续发展打造坚实的基础。

2020年UIC增设应用数学专业，以满足日益增长的新型应用数学人才需求。专业旨在培养学生严格的数学思维和逻辑推理能力，熟练掌握数学分析、数学模型、科学计算等现代数学知识，熟练掌握相关科学软件的运用，以及建模解决实际问题的能力，为未来职业发展和继续深造打下坚实基础。

UIC应用心理学专业成立于2010年，课程设置涵盖范围广泛，所有课程均从应用型和研究型课程中审慎甄选而最终确定，着重为学生打下扎实的心理学科学基础，同时学生亦可将所学知识应用于各种文化情境和个人生活中。应用心理学专业还为学生提供国内外培训、研究和实习的机会，并鼓励学生参与教师的研究项目，为学生继续深造打下基础。

人工智能专业是2021年新增专业，旨在系统地培养人工智能领域算法与数据分析、技术研究、产品开发等高水平专业人才。毕业生不但具有人工智能领域完善的知识结构及扎实的理论背景，而且能够使用人工智能技术解决一些企业和政府机构的实际问题。此外，此专业还将为有意向继续深造的学生提供大量算法研究机会和必要的应用开发技能的实践训练。

计算机科学与技术专业成立于2005年，是UIC最早和最大的本科专业之一。计算机科学与技术专业通过灵活的课程结构和密集的实践课程让学生对计算机领域获得完整了解，培养信息技术、物联网、大数据、数字媒体、软件开发、金融科技等计算机领域的专业人才；同时也鼓励学生在教师的指导下从事独立学习或研究，培养学生的创造性思维及国际视野。计算机科学与技术专业2020年被评为广东省一流本科专业建设点，2022年入选国家级一流本科专业建设点。

数据科学专业成立于2017年，是UIC利用其国际化和全英文教学的优势成立的前沿交叉学科，是国内第二批开设该专业的学校之一。学生需掌握大数据科学相关的基础知识，掌握大规模、多维度、分布式数据存储技术以及网络数据搜集技术，掌握格式化数据分析挖掘的基本方法与专业应用软件，具备数据建模能力，并具有数据可视化呈现能力。

环境科学是一门跨学科专业，学习环境科学需要掌握多门基础科学和技术（包括生物学、化学、地质学、统计学、数据科学、数学建模等）、人文及社会科学（包括法律、公共关系、媒体与新闻等）和企业管理知识（包括经济学、项目管理等）。此专业致力于培养具有环保使命的专业人士，让学生成为全面认识全球环境问题、掌握可持续环境管理技巧和环境污染防治技术的专业人才。

UIC的金融数学专业成立于2011年，是学校利用其国际化和全英文教学的优势成立的第一个前沿交叉学科。该专业所学的主要课程包括微积分、线性代数、微分方程、概率、统计、离散数学，以及金融建模、市场营销战略与管理、经济学、投资学、算法设计与分析、公司财务原理、行为金融学、C++程序设计语言、毕业论文等课程。此专业致力于培养有金融量化能力的专业人才。

食品科学与工程专业旨在为国内外食品产业发展输送可用人才。课程设置覆盖面广，包括生物学、微生物学、生理学、基础化学、生物化学及分析化学等，为学生打下坚实的食品科学与工程知识基础。此外，学生还须研修本专业核心课程，如食品化学、食品加工工程、食品分析、食品原料学、营养学、食品微生物学与毒理学、食品安全与质量监控，以及食品科学相关实验课等，学生可以依据自己的兴趣及对未来的规划，选择修读科技类或管理类的专业选修课程。

统计学专业由国际知名的统计学家方开泰教授于2005年创建，是学校第一批成立的专业之一。统计学专业旨在培养学生在统计相关领域工作的能力，使学生具备在企业、事业单位和经济、管理部门从事统计分析和管理工作的基本技能。本专业在课程设置、课程内容和教学方式中强调统计学的应用性，同时兼顾统计理论和最新发展。统计学专业2015年被评为珠海优势学科，2020年被评为广东省一流本科专业建设点，2022年入选国家级一流本科专业建设点。

2022年，理工科技学部申报的“广东省数据科学与技术交叉应用重点实验室”获省科技厅批准认定。依托UIC省重点建设学科统计学、数学和计算机科学与技术等优势学科，这个省重点实验室积极探索数据科学、计算机技术的基础性理论问题，并探索相关应用领域的交叉应用。实验室主要研究方向包括高维异质多模态数据处理、医疗健康大数据应用、基于数值代数与优化方法的数据处理方法，以及金融风险管理应用、云边协同数据处理技术、智慧城市应用等。重点实验室也为学部的大学生科研提供了重要的实习平台。

理工科技学部鼓励学生参与科研活动，并为学生提供相应的机会和系统、专业的科研训练。学部每位学生都要完成毕业论文，学生的科研潜力备受认可，每年均有学生在国际学术期刊发表论文及在境内外学术会议上作报告。近三年学生、校友和学部老师合作发表期刊论文12篇，会议论文27篇。

自2013年起，理工科技学部每年举办一届海报展，至今已成功举办10届，共展示660余项学生的研究成果。这项活动既能提高学生调查研究的能力，也能通过在有限的时间内生动形象地讲解海报的内容，增强学生的沟通和语言表达能力，增进不同年级学生之间的交流，让低年级的学生尽早明确自己的发展方向。

理工科技学部自2009年开始组织学生参加数学建模竞赛。数模组的老师们利用暑期开展培训活动，并于2017年春季起专门开设数学建模案例分析自由选修课。UIC学生对数学建模活动兴趣高涨，报名参赛的队伍持续增加，参赛

2021 年 4 月 21 日，第 9 届理工科技学部海报展的评委组成员和师生们合影。

同学屡创佳绩，获得一次全国一等奖，多次全国二等奖，两次美赛特等奖提名，多次获得广东省一等奖和美赛一等奖。

得益于学校的人才引进计划，理工科技学部不断优化升级师资队伍，对标一流高校大力引进国际化人才。2019 年以来，积极引进了 11 位教授、11 位副教授、27 位助理教授，他们拥有国内外一流名校博士学位，如斯坦福大学、牛津大学、纽约大学、曼彻斯特大学等，形成了一支知识、年龄、职称结构合理，综合素质高的师资队伍。这些重量级专家学者加盟 UIC 后，经常邀请国际学术大师访问 UIC，让 UIC 师生有机会和顶尖学者面对面交流，汲取经验和知识，对中青年教师和学生的成长具有十分重要的作用。

潘建新教授是理工科技学部院长，他在 2021 年 9 月加盟 UIC 前是英国曼彻斯特大学终身讲座教授、概率论与数理统计系主任。潘建新教授至今仍保持着曼彻斯特大学数学学院 4 年内从讲师晋升到终身教授的最短时间记录。他是曼彻斯特大学统计学首位华人教授、英国统计学界具中国大陆教育背景的第二位华人教授。作为国际知名的统计学家，潘教授的研究领域包括统计建模、统计学习、数据科学及其在医学、公共健康、金融及工业上的应用。他原创性地提出对方差结构建模的理论与方法、纵向数据与生存数据联合建模的新方法。潘教授也是英国皇家统计学会会士、英国数据科学与人工智能研究院图灵研究员。

作为UIC的第四个学部，文化与创意学部强调文化、艺术与创意乃是博雅教育中重要的环节之一，目的在于培养学生具有知识与文化气息，使学生通过综合性、创意性和跨学科的教育理念，强化文化、媒体、设计和创意产业研究的学科知识，探索艺术表现形式的创造性发展。

目前文化与创意学部下设6个本科生专业、1个研究生专业。本科生专业有动画与互动媒体，文化创意与管理，影视学，媒体艺术与设计，音乐表演，旅游、酒店与会展管理。研究生专业为传播学文学硕士－影视与新媒体制片管理专修。

动画与互动媒体专业旨在培养具有创新和批判性思维的专业人才，使其能够在动画、电影、电视、游戏开发、互动媒体、新媒体等行业取得发展。在以学生需求为导向的教学环境中，本专业为学生提供专业的设备和最新的行业技术，助力学生充分掌握动画与互动媒体方面的理论和实践知识。在学习期间，学生将掌握动画设计和制作的基础知识，能够运用多媒体形式来表达个人的创作理念。在实践中，学生将进一步加强对计算机建模、2D和3D动画技术、故事板和脚本写作等技能的运用。

文化创意与管理专业是UIC文化与创意学部的一个管理类学科，是文化艺术与商业管理的融合，旨在培养新型的创意管理人才。除了设置管理类专业课程外，此专业还为学生提供多元化的文化创意类专业课程及选修课程，如商业空间策划及设施管理、工业和零售设计管理、文化产业消费行为、空间设计概论、展览设计——创意演绎及管理等。文化创意与管理专业学生可以在以下就业领域中找到未来的职业方向：文化资本创造、文化资本养护、文化资本管理等。

影视学专业成立于 2006 年，其课程设置结合了香港浸会大学传理学院的电影、电视及新媒体课程，发展至今成为了国内颇具影响力的影视传媒专业。专业旨在培育新一代具有全球视野，并具有电影电视相关的传媒专业知识、影视制作及传媒研究能力的专业人才，以满足国内外对媒体及创意产业的需求。影视学专业为学生提供传媒理论和实践相结合的课程，专修课程涵盖电影和电视制作、影视媒体的历史与理论、产业现状的介绍与探讨，使学生能够更好地理解和运用所学知识。专业会定期安排实习项目，为学生提供了解和参与电影电视和新媒体行业的机会。

UIC 影视学专业动画工作室、多媒体剪辑室、器材室。

媒体艺术与设计专业旨在培养学生卓越的创意表达，不仅仅局限于视觉艺术、数字影音设计、互动设计与社会设计等特定领域，更在丰富多元的专业领域追求创造的成果。课程设计为有志于从事视觉艺术、数字影音设计、互动设计与社会设计专业或预计在相关领域继续深造的学生，提供丰富理论与大量创作相结合的专业教学。

音乐表演专业是学校最年轻的学系之一，旨在让学生在音乐方面追求自己的职业抱负，并发挥他们的创作潜能。音乐表演专业采用五种教学方法：正式授课和课堂观察、讨论，进行理论和概念的学习；通过日常排练提高表演的准确性和演绎技巧；以演示视频和现场表演为例，对其具体特点进行分析；利用数字设备和技术进行多媒体音乐制作；安排辅导课，引导学生通过近距离的互动，掌握所选的乐器。

旅游、酒店与会展管理专业课程旨在为学生提供全面、尖端的酒店管理和会展管理的知识与技能，希望学生们在处理行业内问题时更具创意和批判性，解决现实世界中遇到的挑战性问题。本专业不仅为学生提供基础的理论知识教育，还同时注重培养学生实际操作技能。

由于涉及创意和表演，这是一个年轻人活跃的领域，文化与创意学部有些学生在读书期间就得到了很好的认可。例如2021届毕业生石昕的毕业作品《无赦》（*An Eye for an Eye*）荣获2022年第55届休斯敦国际电影节悬疑短片银奖，该作品还获得了2022年第7届戛纳独立电影最佳摄影、最佳学生影片奖，2022年美国独立电影展特别提及奖，并入围2022柏林电影节以及2022蒙特利尔电影节。2021年12月举行的第14届“创显杯”（原“科讯杯”）全国大学生影视作品大赛上，UIC 2021届影视学专业陈鲁粤编剧导演的作品《梅子青时》斩获大赛年度大奖、最佳剧情短片、最佳女主角3个奖项。本届大赛共征集了全国63所高校师生报送的影视作品1401部，在这里面脱颖而出非常难得。

UIC 2021届影视学专业陈鲁粤编剧导演的作品《梅子青时》的海报。

“24格·创意媒体嘉年华”是由影视学专业创设的大学生电影短片创作交流平台。自2014年创设至今，已连续举办9届，每年吸引中国内地、香港、澳门、台湾及海外大量参赛作品角逐最佳剧作奖、最佳导演奖、最佳剧情片奖等10个奖项，成为粤港澳大湾区颇负盛名的学生国际电影节。

Holger Briel教授现任文化与创意学部院长，他拥有美国马萨诸塞大学文化理论博士学位、美国密歇根大学比较文学硕士学位以及德国图宾根大学英语德语本科学位。就职于UIC之前，Briel教授曾任教于塞浦路斯尼科西亚大学、奥地利因斯布鲁克大学、纽约大学斯科普里分校、希腊亚里士多德大学、英国萨里大学、印第安纳州立大学以及西交利物浦大学。此外，Briel教授还曾在牛津大学、加州大学伯克利分校、新加坡国立大学等多所高校担任客座教授，并曾经担任过纽约大学斯科普里分校副校长以及院长职务。在教育领域，身为欧盟理事会高等教育委员，Briel教授有着丰富的博士硕士生指导经验。

建校十几年来，UIC的老师们不断努力，不断创新，使学校的教学、科研水平逐步提高，学科建设逐渐获得省级或国家级认可。

自2020年起，UIC累计3个专业入选省一流专业建设点，分别为应用经济学专业、计算机科学与技术专业、统计学专业；3门课程，即“传播学基础”课程、“高级剧本”课程和“管理信息系统”课程，入选广东省一流本科课程。这表明UIC在学科建设、人才培养、师资水平等方面进步显著。

2022年，教育部发文公布2021年度国家级和省级一流本科专业建设点名单，UIC统计学专业和计算机科学与技术专业入选国家级一流本科专业建设点。国家级一流本科专业评选是教育部加快建设高水平本科教育，全面提高人才建设的一个重要举措。国家一流本科专业建设点的获批标志着UIC本科专业建设再上新台阶。

第十八章

科研与研究生

在致力于提高教学质量的同时，学校也积极对接省市重大科技项目，大力促进产学研合作和科技成果转化。2020 年，UIC 14 个项目获广东省普通高校重点科研平台和科研项目立项，其中重点实验室 1 项、重点领域专项 5 项、特色创新类项目 3 项、青年创新人才类项目 5 项。UIC 的统计学、计算机科学、数据科学、金融数学、食品科学等都发挥了自己的优势。

在办学之初，UIC 决定先把主要精力放在本科生教育上，因为一流的本科教育是一流博雅型大学的基础。2008 年 UIC 与香港浸会大学合作成立联合研究所（JIRS），在一些重点的学科领域培养硕士和博士研究生。近十年来，联合研究所采用浸大和 UIC 双导师的培养方式，成功地培养了数十名硕士和博士研究生。

从 UIC 办学伊始，常务副校长郭少棠就多次往返珠海与香港，讨论成立 JIRS。当时，我是香港浸会大学的研究生院院长，代表浸会大学主要参与了 JIRS 的设计和实施。

2016 年，UIC 获教育部批准开展研究生教育，开设全日制研究型硕士、博士专业课程及授课型硕士专业课程，毕业生获颁香港浸会大学学位证书。2017 年 12 月 9 日，UIC 研究生院成立典礼举行。

在成立典礼上，吴清辉校长表示，12 年的办学实践，UIC 成功地实施了本科教育，也通过与浸大共同培养研究生的联合研究所积累了宝贵经验，UIC开展研究生教育的各项条件已经成熟。作为一所博雅型大学，UIC 开展研究生教育将依托两个母校雄厚的学术资源，采用双导师制，在有选择的一些优势学科上，进行高水平的人才培养。他强调，UIC 的研究生教育将坚持少而精的原则，规模不会很大，但质量要求很高。

吴清辉校长、徐是雄副校长、香港浸会大学副校长兼研究生院院长黄伟国及北师大研究生院副院长汪明共同为 UIC 研究生院揭牌。

香港浸会大学副校长兼研究生院院长黄伟国教授在致辞中表示，研究生院的成立不仅有利于 UIC 的发展，同时也提升了两个母校的国内外地位和影响力。因此，UIC 研究生教育的发展可以达到三赢的效果。他希望 UIC 能与两个母体学校的教师和研究团队密切联系，有效利用两个母校的雄厚科研、教学优势和学术资源，协同培养高质量的研究生。

2016 年 6 月，UIC 获教育部批准开展研究生教育的首批名单中，包括在概率论与数理统计、计算机科学与技术、生物学、化学、会计学与企业管理、经济学、传播学 7 个专业开展研究型硕士和博士学位教育，在会计学、传播学、社会工作和社会管理专业开展授课型硕士学位教育。2017–2018 学年 UIC 率先招收概率论与数理统计、计算机科学与技术、生物学、化学 4 个专业的研究型硕士及博士研究生。2021 年，应用数学、概率论与数理统计、计算机科学与技术3个专业获批独立研究型硕士及博士学位授予权。学校为每位录取的学生提供全额或半额的奖学金，以帮助学生在校期间安心专注于学习和研究；此外，还设有生活补助、住宿补贴、研究补贴、访港补贴等资助。

在联合培养博士生方面，香港浸会大学的多位学者积极参与，推动UIC的博士项目发展。浸会大学的蔡宗苇、黄煜、郭中实、卞兆祥、徐建良、禹志领等教授，以及UIC的徐宝军、方开泰、阮华达、苏伟峰、叶华军、张慧等教授在联合培养方面非常突出，他们一起培养了数十名博士研究生。

2015年，蔡宗苇就任香港浸会大学郭一苇环境与生物分析冠名教授典礼。

香港浸会大学的蔡宗苇教授帮助UIC培养了近十名博士研究生。蔡宗苇教授1982年在厦门大学化学系获得学士学位，1990年在德国马尔堡大学获得博士学位，1991–2000年在美国的药物公司工作，2001年起受聘于香港浸会大学，现为化学系郭一苇冠名讲座教授，同时担任环境与生物分析国家重点实验室主任。蔡教授在推动UIC科研方面不遗余力，曾多次和UIC同事共同申请国家和省市研究基金。2013年，首届由香港浸会大学环境与生物分析国家重点实验室与UIC药食同源物健康机理重点实验室联合

2008年，方开泰教授荣获国家自然科学奖二等奖，这是UIC第一个国家自然科学奖。

举办的环境与食品科学联合研讨会于 5 月 24 日在 UIC 举行。蔡宗苇教授率领环境与生物分析国家重点实验室成员 20 人来到 UIC 开展学术交流。

方开泰与他的研究生们 1997 年摄于香港，左起：梁家卷、潘建新、范剑青、方开泰、方宏彬、谢民育。

在 UIC 博士培养中作出重要贡献的方开泰教授于 2006 年 2 月正式加入 UIC。方教授是著名的统计学家、美国数理统计学会会士、美国统计学会会士。辛勤培育学生之余，他坚持学术研究。2008 年，他与中国科学院王元院士完成的“均匀试验设计的理论、方法及其应用”，获得了国家自然科学奖二等奖，这是 UIC 历史上第一个国家自然科学奖。2014 年，方开泰教授荣获泛华统计协会颁发的 2014 年杰出成就奖。泛华统计协会理事长在颁奖辞中指出，这个奖项表彰方教授对统计理论和应用领域广泛而深远的影响，在教书育人和奖掖后学方面的杰出奉献，以及对这个专业坚持不懈的卓越付出。此外，方开泰教授在 2015–2021 年连续 7 年入选爱思唯尔“中国高被引学者”榜单。

方开泰于 1985 年获国务院学术委员会批准成为博士生导师，当时国内统计学科的博导仅有 6 人。他培养的研究生包括普林斯顿大学教授、复旦大学大数据学院院长范剑青，UIC 理工科技学部院长、曼彻斯特大学概率论与数理统计系原系主任潘建新，美国宾夕法尼亚州立大学教授、美国著名统计杂志 *Annals of Statistics* 主编李润泽。在 UIC 工作的十多年间，方教授培养了多名博士研究生。

徐宝军是在UIC成长起来的研究学者的典型代表。徐宝军于韩国获得博士学位之后，在美国开展博士后研究，2009年7月受聘为UIC食品科学与工程专业助理教授，2013年晋升为副教授，2015年晋升为教授，2022年晋升为讲座教授。他从2015年起担任珠海市农产品质量与食物安全重点实验室副主任，2018年起担任UIC食品科学与工程专业主任。

徐宝军获得2016年UIC“校长奖－杰出教学奖”。

徐宝军共发表论文270余篇，其中SCI国际期刊发表论文240余篇，7篇ESI高被引论文，2篇ESI热点论文，论文总被引用万余次，他的一些研究成果引导了公众的健康消费观念。2016年他获UIC首届“校长奖－杰出教学奖”，2020年获UIC校长服务奖，2020、2021年连续两年入选斯坦福大学全球前2%顶尖科学家“终身科学影响力”和“年度科学影响力”榜单。

除了做出高水平的科研，徐宝军教授还是一位非常敬业的教师。在过去十多年间，徐宝军在UIC基本是“三点一线”——在教室、办公室和实验室之间来回穿梭。头三年，他把精力集中在教学上，精心准备食品化学、食材与加工、化学分析和食品科学实验等课程。“2009年，我们的第一届学生才读到大三，教学课件没有可借鉴之处，要花很多时间在教学上。”

如何才能更好地培养学生？他发现，科研与教学需相辅相成。通过科研去更新知识，才能在教学上培养更多优秀的学生。“现在，我把教材越来越精简化了，有时候一张PPT，我可以举多个实例延伸知识，把生硬的书本内容转化为生动有趣的知识。”徐教授还特别注重带动大学生进入科研，多名学生在本科期间就在徐教授的指导下发表学术论文。几年来，他培养的大学生成为康奈尔大学、新加坡国立大学、墨尔本大学等名校的博士研究生。他也把自己的研究经验传递给自己的研究生，为 UIC 培养了近十名博士研究生。

自 2019 年以来，学校在人才队伍建设上又迈上新的台阶，很多知名学者加入 UIC。

2021 年，美国斯坦福大学发布了最新的全球前 2% 顶尖科学家榜单，UIC 共有 10 位学者入选，包括汤涛校长、贾维嘉副校长、计算机科学与技术专业王庆国教授、食品科学与工程专业徐宝军教授、电子商务与资讯系统管理专业吴盖宇教授、工商管理学部院长刘文斌教授、计算机科学与技术专业王田教授、统计学专业苍爽副教授、人工智能专业骆宗伟副教授、计算机科学与技术专业于洪年教授。

上述 10 位学者大部分是 2019 年以后入职 UIC 的。除此之外，原香港城市大学教授、珠江学者讲座教授孙伟伟，原曼彻斯特大学讲座教授、英国数据科学与人工智能研究院图灵研究员潘建新，原加拿大约克大学教授、加拿大工业应用数学奖获得者黄华雄，中国数学会钟家庆数学奖和中国科学院“陈景润未来之星”获得者邸亚娜，香港城市大学数学系前系主任张强，前香港城市大学教授、历史学家韩子奇，以及意大利学者、知名语言学家 Carlotta Viti 等，也在这几年加盟 UIC，大大加强了 UIC 的研究水平。来自意大利的 Viti 教授学术渊博，研究古印欧语系、历史音韵学、语法学，精通拉丁语、古希腊语、印度语、伊朗语等多国及古代语言。

人才是第一资源，UIC 近几年快速搭建高层次人才梯队，效果显著。2020 年，在软科中国大学排名中，UIC 高端人才位列百强，是广东省除广州、深圳以外的城市唯一入选的高校。

2022年，UIC申报的“广东省数据科学与技术交叉应用重点实验室”获得批准。省重点实验室是广东省最高级别的科研平台，此次获批广东省重点实验室，是UIC被纳入广东省高水平大学建设计划以来，学校学科建设、平台建设上的一个里程碑。

“广东省数据科学与技术交叉应用重点实验室”答辩团队合影，左一至三为轩辕哲博士、叶华军博士、潘建新教授，他们是此次成功申报的主要功臣。

授课型硕士专业课程从2018–2019学年起陆续开办。其中，2018–2019学年，第一届传播学文学硕士课程正式开课，共有13名学生；2019–2020学年，第二届30名传播学文学硕士学生入学。

推动授课型研究生项目的重要功臣是香港浸会大学协理副校长兼传理学院院长黄煜教授，他也曾担任过UIC校董。在UIC建校的近20年间，黄煜教授多次到访UIC考察指导，出谋划策，为UIC的发展作出很大贡献。

香港浸会大学传理学院于1968年创立，提供全面的本科生与研究生传理学课程。学院下设电影学院、传播系及新闻系。香港浸会大学的传理学院曾荣登“亚洲第一”宝座，被拥有超过300万读者的知名新闻网站Asian Correspondent评选为亚洲学生首选的“全球十大新闻学院”，与哥伦比亚大学新闻学院、加州大学伯克利新闻学院、伯明翰大学新闻学院、威斯敏斯特大学新闻学院等老牌知名学府比肩。

2019年10月，香港浸会大学传理学院与UIC签署框架协议，分别与4个学部联合开设授课型研究生课程。同月，由浸大传理学院提报香港浸会大学学术发展委员会（Academic Development Committee，简称 ADC）批准开设合办课程。

2019 年 12 月，由黄煜院长带队，4 个专业课程主任郭中实、李文、张昕之、温文杰来到 UIC 商谈合作细节，包括师资安排、宣传计划、行政安排等，并成立授课型研究生课程管理委员会。同月，合办课程获香港浸会大学咨议会批准于 2020–2021 学年开设。为了保证教学质量，大家决定，专业必修课一般由双方两位课程主任承担教学。

2020 年，UIC 与香港浸会大学传理学院联合推出传播学文学硕士课程，课程分为 4 个专修方向：传媒管理、影视与新媒体制片管理、传理学，以及人工智能与数码媒体。课程结合香港浸会大学传理学院和 UIC 各学部的优势特色，文理兼修，推动学科间的互动、融合与交叉，致力于培养应用型、复合型人才。UIC 和浸大两校的名师参与授课。毕业生获颁香港浸会大学传播学文学硕士学位，学位获教育部认可。

2020 年 9 月，首批 400 名学生入读合办传播学研究生课程；2021 年 9 月，第二批 583 名学生入读。2022–2023 学年计划招收 800 名学生，2022 年 6 月底，共收到申请 7000 份。随着学生人数的增加，传播学专业师资队伍不断壮大。

为提升学生满意度，建立良好的课程口碑，香港浸会大学传理学院的郭中实、王丹、黄磊、温文杰老师，于 2020–2021 学年在 UIC 工作和教学一学期，为首届合办课程学生亲自上课。

2020 级授课型研究生开学典礼。

郭中实，1982年毕业于北京外国语大学，美国威斯康辛大学传播学博士。现为香港浸会大学传理学院代理院长，教授、博士生导师，曾任浸会大学新闻系主任，传理学文学硕士课程主任，兼任《亚洲传播学刊》副主编。郭教授在国内外学术期刊与会议上发表论文100余篇，曾获伊丽莎白·尼尔逊优秀论文奖等多个奖项。

2017年3月28日晚，香港浸会大学新闻系主任郭中实教授应邀作为人文与社会科学学部高桌晚宴主讲嘉宾。

郭教授上课喜欢用生动的比喻、通俗的语句、幽默的实例，阐述新闻传播的学术要旨，分析当前新闻传播领域的国际趋势。他的授课深受研究生的欢迎。

UIC传播学硕士课程教师团队来自美洲、欧洲、亚洲等国。授课教师不仅具备深厚的学术背景，同时还具有丰富的行业经验。传播学硕士－传理学专修课程主任是林彩丽博士，加入UIC之前，她曾在规模居前的媒体机构之一的Mindshare工作，负责媒体策划。林博士和她的教学团队除了精心备课、传道解惑之外，还在UIC校园不定期举办学术大咖讲座，配以丰富的线上学术分享，使传播学的同学们拓宽了视野。

传播学硕士课程开班几年以来，得到了同学们的高度评价。

2019届邱子娟同学说：“去年，我放弃了一个名校的MBA录取通知书选择成为一名UIC学生，现在的我非常庆幸当初做了这个选择，也很荣幸成为UIC第一届传播学硕士毕业生。能重回学生时代已经是一件十分幸福的事，而最让人羡慕的是成为UIC研究生。因为UIC为学生准备好了一切：最好的学习环境、最丰富的学习资源，以及理论与实际相结合的课程设置。来自不同国家的教授也

2021 级影视与新媒体制片管理硕士课程师生合影。

2021 年传理学硕士课程师生合影。

给课堂带来不一样的火花，培养我们的 Creative、Critical & Strategic Thinking（创造性、批判性和策略性的思维）。这一年，是探索和发现自我的过程，因为我既要兼顾学业，还要经常飞往国外出差，时间管理和心态调节就变得尤为重要。我也很幸运能将我在课堂上学到的传播学知识立即应用到我的工作中。”

2019届徐慧同学说："回归校园后，不仅让我重新体验到了用努力学习换来的幸福，也让我认识了很多可爱的老师和同学们。在同一起跑线上，大家一起讨论，一起分享，在辛苦和快乐中共同成长。传播学硕士课程的设置，不仅包含了理论性的知识也结合了不同类别的案例，让我在学习知识点的同时又可以亲身实践。在风趣且经验丰富的老师的指导下，硕士课程让我从一个新的角度认知了关于广告、公关、品牌这些与工作息息相关的知识。这些意外的收获，也是报读传播学硕士课程之前没有想到的惊喜。"

随着时间的推进，UIC授课型硕士已经涵盖数据科学、统计学、社会工作、会计、人工智能、影视与新媒体、互动媒体等多个方向。与香港浸会大学合办的MBA课程也取得了可喜的成就。目前，UIC也在探讨和香港浸会大学在研究生培养方面更深入的合作。

近几年来，学校研究型硕士研究生和博士研究生人数也在逐年增加，目前在校的人数已达100余名。在未来的10年里，学校将持续努力，将研究生教育扩大到一定的规模。

UIC凭借现有学科优势，结合学校自身情况，建立"珠海高新区协同创新中心暨UIC产学研基地"，联合高新区一起促进产学研深度融合，推动国际化人才引进，推进高新技术开发和促进高科技成果转化。

UIC产学研基地于2019年落地于珠海高新区港湾一号科创园，基地集合了多位专家教授，以及多个行业经验丰富的投资方助阵，正在持续深化科研转化和项目落地工作。

由UIC理工科技学部时红建教授带领的超时速公司是首个进驻产学研基地的团队，致力于研究智能锥形束CT成像与诊断项目，斩获2021年广东"众创杯"创业创新大赛科技海归领航赛铜奖。时教授长期从事智能锥形束CT扫描仪

2020 年 11 月 13 日，UIC 产学研基地（右图）揭牌仪式在珠海高新区港湾一号举行。高新区党委书记苏虎和汤涛校长共同为基地揭牌（左图）。

研究开发工作，在全球拥有多项产品技术专利，他希望能研究出国产的高精尖智能锥形束 CT 软件，将自己的研究成果商品化，服务于大众。

人工智能与数码媒体硕士专修课程主任、计算机科学与技术专业的苏伟峰教授指导浪辰科技公司的研发团队，致力于研究让老年人自在活动的助力外骨骼，团队于 2021 年入驻产学研基地，2015 届计算机科学与技术专业校友林暄负责项目的商业开发。浪辰团队由机器人专业、AI 算法领域人才组成，平均年龄不超过 30 岁。目前已进入产品模型开发阶段，预计 2022 年年底开始量产。

在产学研基地有一间绿意盎然的办公室，它属于“植人一生”互联网植物品牌，公司创始人是 UIC 2021 届公共关系与广告学专业的校友陈卓。他大学期间便开始和同学们一起创业，得到了学校各部门的指导和帮助，后来更是创立“植人一生”品牌并入驻产学研基地。

截至 2021 年 10 月底，UIC 产学研基地入孵企业已达 20 余家，涵盖了人工智能、物联网 +、生物医药、创意文化等多个领域，并成功为入孵企业申报知识产权累计 35 项，吸纳投资累计逾 2000 万元。其中也不乏 UIC 师生的创业项目。

第十九章

贵人相助

在 UIC 的成长过程中，学校的发展也得到了很多领导、学者和教育家的重视、支持和指导。

2008 年 4 月 23 日，时任广东省委书记汪洋在珠海市委书记甘霖等的陪同下视察 UIC。视察过程中，汪书记表现出了对 UIC 办学模式的极大兴趣，对 UIC 的创新理念表示肯定。

吴清辉校长致欢迎词，并向汪书记赠送 UIC 成长历程纪念册。UIC 常务副校长郭少棠教授使用多媒体演示 UIC 的发展历程和创新体制。听罢介绍后，汪书记饶有兴趣地问："你们学校最大的特点是什么？"郭副校长说："UIC 是采用香港浸会大学的行政体系和教学体制，按国际标准建立委员会制度的管理模式及课程设置，以英文教学为媒介，系统地推行全人教育和创新四维教育。强调国际化校园的同时又推行国情国学的教育，这是国际化与本土化相结合的创新模式。"汪书记赞许地说："你(们)这条新路就是把国外的教育体制和中国的文化国情结合起来的道路，既有国内高等教育没有的国外教学体制，又有国外教学体制没有的中国文化。"

汪书记还与学生们亲切交谈，并询问学生对全英语教学是否适应，生活、学习是否习惯。学生兴奋地回答，经过英语强化学习和全英文授课教学，可以逐渐适应全英文学习环境，在珠海生活很习惯，很喜欢 UIC。

汪书记的视察对正在创校阶段的师生们是极大的鼓舞。那个阶段的老员工提起这段经历，至今还难掩兴奋之情。

2014 年 11 月 17 日，时任全国政协副主席、中国科学技术协会主席的韩启德院士到访 UIC，考察内地和香港合作办学情况。韩启德院士在听取学校介绍后，兴致勃勃地参观了全人教育的基地，还亲自体验了射道、古琴、皮影等全人教育课程，称赞“UIC 在人文素质、全人教育方面很有特色。学生在学校里面接受最新的教育理念，特别是全面发展、全面成长。我觉得很多地方值得国内其他高校学习。”

2021 年秋，韩启德院士计划在广东考察期间再度访问 UIC。可惜，由于疫情的原因，行程被临时取消了。希望在不久的将来，我们能再次有机会聆听韩院士的指导。

2015 年 11 月 14 日，全国人大常委会原副委员长、原国务委员、教育部原部长陈至立到访 UIC，她高度赞扬 UIC 的全人教育体验学习课程很有特色。听取学校的发展汇报后，陈至立一行还参观了射道馆、古琴馆和位于文化小镇的 3D 创新开发实验室。

正在 3D 实验室实习的同学向陈至立赠送了一件以她的照片打印的 3D 作品。陈至立高兴地与同学们合影留念，并寄语他们继续努力研究，取得更佳的科研成果。

2011 年 2 月 17 日，时任香港特别行政区行政会议召集人及全国政协常务委员会委员的梁振英先生应邀来访 UIC，开展以“香港与珠江三角洲的经济融合”为主题的演讲，吸引了数百名师生出席。演讲结束后，UIC 学生用英语与梁先生互动。有同学问道：“早前有媒体反映，深圳前海甚至有可能会被打造成第二个香港。请问您对这事情怎么看待呢？”梁振英先生回应说：“前海是港深共同打造的，是一个金融及高端服务的试验区，它的发展促进港深经济融合。同样的道理，我们也不能说‘香港即将成为第二个伦敦或纽约’。”他告诫当今的大学生，看待事情要多思考、多分析。

2015年5月7日至8日，香港教育局局长吴克俭来访UIC。他先与学校管理层会谈，了解学校的全人教育办学理念，以及在内地率先推行博雅教育及全英文教学的经验。随后参观了教学楼、全人教育基地艺峯、学生宿舍文化小镇和新文化小镇，了解学生的校园生活情况。之后举行专题讲座，分享对香港教育及竞争力的看法，并与在UIC就读的香港学生座谈交流。他认为UIC办学的实践是成功的。在7日晚举行的高桌晚宴上，吴克俭以“启发与抱负”为题发表演讲，分享个人成长及从业经历，勉励学生勇于探索世界，积极规划人生，学会如何学习，养成终身学习的习惯，并建议学生做事要专注、投入，要学会在服务中学习、在学习中服务。

2011年2月，梁振英先生到UIC作专题演讲，与师生热切交流。

2015年5月7日，时任香港教育局局长吴克俭在高桌晚宴上发表演讲。

2012 年 6 月 24 日，UIC 在第四届毕业典礼上首次颁授荣誉院士予四位杰出人士：环球 (香港) 投资有限公司主席郑维健、香港瑞安集团主席罗康瑞、金蝶软件国际集团董事局主席徐少春和世界贸易组织上诉机构成员张月姣，以表彰他们对国家、社会作出的贡献和对 UIC 的支持。

2013 年授予的第二届荣誉院士是：香港教育统筹委员会主席、香港胡百全律师事务所首席合伙人郑慕智博士，美国康科迪亚大学（Concordia College）校长科维廉博士（William Jeffrey Craft），中国兴业太阳能技术控股有限公司董事局主席刘红维先生，以及外交家、国家创新与发展战略研究会常务副会长、国际展览局名誉主席吴建民教授。

2012 年，第一届荣誉院士合影。（左起：徐是雄、郑维健、徐少春、许嘉璐、张月姣、罗康瑞、吴清辉）

2014年授予的第三届荣誉院士是：台湾知名乡土文学作家黄春明先生，香港杰出社会领袖、大学教育资助委员会前主席林李翘如博士，香港大学医学院眼科学系解剖学讲座教授、中国科学院院士苏国辉教授和著名散文家、诗人、上海作协副主席赵丽宏先生。

2015年授予的第四届荣誉院士是：凤凰卫视董事局主席兼行政总裁刘长乐，著名作家、文化部前部长王蒙，香港城市大学前校长张信刚，美国奥格斯堡学院校长 Paul C. Pribbenow。

2016年授予的第五届荣誉院士是："嫦娥之父"、中国月球探测工程首任首席科学家、中国科学院院士欧阳自远，"中国第一男高音"歌唱家戴玉强，普华永道会计师事务所前合伙人、香港会计师公会前会长雷添良，杰出化学家、剑桥大学材料科学荣誉教授 John Meurig Thomas 爵士。

2017年授予的第六届荣誉院士是：香港大学医学院外科学系名誉临床副教授、乳癌专家张淑仪，珠海格力电器股份有限公司董事长董明珠，著名核物理学家、中国科学院院士贺贤土，英国斯旺西大学（Swansea University）副校长 Martin Dominic Stringer，台湾著名艺术家、"八方新气"陶瓷品牌创始人王侠军。

2018年授予的第七届荣誉院士是：美国心理学家、统计学家、加利福尼亚大学洛杉矶分校特聘教授 Peter M. Bentler，科大讯飞创始人、董事长刘庆峰，香港科技大学创校校长吴家玮，北京大学哲学社会科学资深教授、博雅讲席教授叶朗，著名琵琶演奏家、中央音乐学院教授章红艳。

2019年授予的第八届荣誉院士是：德国慕尼黑大学汉学首席教授、国际事务副校长叶翰（Hansvan ESS），港珠澳大桥岛隧工程项目总经理、总工程师林鸣，首位在英国担任大学正校长的华人、英国萨里大学校长逯高清，香港著名雕塑家文楼，香港黄乾亨黄英豪律师事务所首席合伙人、全国政协委员黄英豪。

2019 年，第八届荣誉院士合影，参与合影的有香港浸会大学校董会主席陈镇仁（右三）和 UIC 校领导。

因为疫情原因，荣誉院士授予典礼自 2020 年起只能按下暂停键。希望在不久的将来，交通和旅行逐步正常化，毕业典礼的环节又可以回到完整的状态。

三人行，必有我师。

自我加入 UIC 之后，经常有机会向教育界的前辈们请教，包括香港科技大学创校校长吴家玮教授、北京大学原校长林建华教授、上海交通大学原校长张杰院士、中山大学原校长黄达人教授、北京大学燕京学堂院长袁明教授、北京大学原副校长田刚院士、香港都会大学原校长黄玉山教授等人，从他们那里汲取办学经验。他们对全人教育的诠释、对教育理念的追求，使我获益匪浅。

来到珠海之后，在我见到的众多企业家中，给我印象非常深的是许景新先生，他是全球最大的预制混凝土桩（又称管桩）企业建华控股集团的创始人。建华控股起家于中山市小榄镇，历经 29 年发展，已成为全球最大的混凝土制品与技术综合服务商，连续多年入选中国民企 500 强。近年来，惊叹于中国基础建设的巨大成就，外国传媒将中国称为“基建狂魔”。而在多项国家重点工程项目中，比如我们熟知的京沪高铁、港珠澳大桥、特斯拉中国工厂等代表“中国速度”“大国重器”的国家重点工程，都指定采用建华建材的产品。

汤涛校长作客许景新先生府邸，并赠送UIC纪念盘给许先生。

许先生很儒雅，很有思想。他从中国传统文化中提炼出的“走正道、负责任、心中有别人”的企业文化核心和“以人为本，无为而治”的管理理念，引领着企业奋发自强，循道而行。他的理念在一定意义上对教育者、对办学者都有重要的启发。

走正道。在资金紧缺、运营困难的时候，许先生明确提出：降价销售也要确保资金回笼，借高利贷也要保证能发放工人的工资。在面对偷工减料、恶意竞争、拖欠工资等不良现象时，坚定地践行不伤害员工利益、不伤害客户利益、不伤害供应商利益的原则。许先生表示，企业的发展要与时俱进，但走正道文化的方向和原则要根植血脉永不能变。

负责任。许景新认为负责任是成事立人的根本。主要体现为：第一，对社会负责，要积极参与社会公益回馈社会；第二，对行业负责，做行业技术创新的杰出典范，为行业的技术进步树立标杆；第三，对员工负责，要培养员工、造就员工，让人才支撑百年老店。

心中有别人。就是站在对方的立场考虑问题，树立关怀的企业文化。建华控股每年举行丰富多彩的家属会议、集体婚礼、荒岛求生训练营、员工子女教育基地、员工运动会等，让广大员工在工作之余享受到生活的乐趣和家的温暖。

20 多年来，许景新和他的企业坚持以人为本、知人善用，努力做到“上无为、下有为”，从而真正达到“无为而治”的最高境界。这些对办学者很有启发。我在最后一章“百年名校”中的部分思考就来自许景新先生的文化和管理理念。

第五部

展望

第二十章

办学理念

自1873年英国牛津大学毕业的红衣主教纽曼（John Newman）所著《大学的理念》出版以来，世界范围内围绕大学的办学理念问题争论和探讨了100多年，可以说在争论中交流，在交流中发展。大学的办学理念由大学是“训练和培养人的智慧的机构”，到大学是“研究高深学问的机构、科学与学术的中心”，再到大学还是“社会服务站”等，不一而足。

为了给学校、教师和学生提出共同发展愿景，形成一种共同的行为自觉，学校必须提出办学理念，回答学校全部的教学活动所涉及的基本问题。办学理念应该包括办学目标、教师成长目标和学生培养目标，与校训、校风、教风、学风等一起，成为学校的文化标识。

UIC创业艰辛，但是创造了多个历史。学校将不断总结办学经验，把办学理念不断完善，落到实处。

UIC一贯坚持立足中国、面向世界，依托国际化的先进教育理念和优质教育资源，致力于奉献卓越的教学、科研和社会服务，培养学生成为具有国际视野、跨文化沟通能力以及创新能力的有用人才。

国际化是学校的重要特色。教师队伍要保持高度国际化，坚持全英语教学，并在课外活动及校园生活方面大力创造跨文化交流的环境与条件，最大程度地培养学生适应并胜任在国际化环境中工作与生活的能力。

博雅教育是学校的办学灵魂，在教学上体现通识课教育的完善化。UIC 于 2022 年建立了通识教育学院，将会进一步统筹和推进通识教育。通过社会文化、自然科学、数学、语言及写作等课程板块，着力打造坚实完整的知识基础、训练严谨活跃的思维能力，以及培养全面开阔的学术视野，让学生接受完整的人类文明核心知识学习，接触各个学科领域的内容及发展趋势，从而可以充分认识自身学业兴趣和特长，更有针对性地选择合适的专业或方向。

教学质量是学校永远的坚持。通过小班教学模式，给学生创造优质高效的教学体验。通过全球招聘教师，逐渐建成一支高水平、国际化、结构合理的师资队伍，并保持处于世界先进水平的师生比。世界一流的师资和极致的小班化教学模式，都是为了实现最大化的学习成果。

UIC 的校训和校歌，是 UIC 的教育理念、精神和价值取向的高度概括，需要代代弘扬，让每一代 UIC 人都能从中汲取能量，增加凝聚力。

2014 年 11 月，校园里已经开始酝酿十周年校庆的氛围。有一天，吴清辉校长告诉中国语言文化中心主任伍鸿宇明年是 UIC 建校十周年，十年时间，到了应考虑校歌校训的时候了。他希望中国语言文化中心的同事能够发挥力量，帮 UIC 创作最契合的校歌校训。就这样，伍鸿宇的 UIC 校歌校训创作之路开始了。

吴清辉校长认为，校歌校训应该突出 UIC 博雅教育的定位和特色，同时也应该体现 UIC 教育创新的精神，有必要从传统文化思想中汲取灵感，他还列举了几所著名大学的校歌校训让伍鸿宇和同事们参考。后来，大家将更多海内外著名大学的校歌校训搜集起来，反复研究和讨论。他们一遍又一遍地阅读和吟唱这些校歌校训，分析它们的内涵、结构和表达方式，希望从中找到创作校歌和提炼校训的方法和灵感。

经过一段时间的酝酿，伍鸿宇和同事们逐渐将UIC校训的内涵聚集到“博、雅、思、志、知、行”等字眼上。UIC的博雅教育旨在博学于文，广泛涉猎一切人类知识，由此陶冶性情，完成人格精神的内在养成。博学不是被动接受，而是要以批判性思维求真知。而求真知是一个艰苦的过程，不仅是对知识、真理的不懈追求，更是对高层次人生境界的领悟与追寻，所以必须有笃行的意志与坚持。在搜集校内同事对这些创作想法的建议和在课堂上征询同学们的意见后，伍鸿宇和同事们初步提出了3种校训方案供学校选择。后来“博文雅志，知行合一”被选中，由吴清辉校长提交给校董会主席许嘉璐先生审阅，最后许先生将其改定为“博文雅志，真知笃行”。

“博文雅志，真知笃行”这一校训于2015年11月的校董会上通过，成为UIC精神文化的一个重要部分。

UIC校歌的创作过程则更长。伍鸿宇和同事们在反复研读各地大学的校歌后，对UIC校歌创作有了一些基本的想法：风格要兼顾典雅与通俗，语调宜昂扬向上，以文学手法起兴遣词，力求音情顿挫，词美意深。同时，巧妙化用周边人文地理的重要意象，表现UIC特质，如凤凰山取凤凰，香江香山取一衣带水，悠悠珠江取中华文脉，浩浩南海取世界胸怀等。在这些创作想法获得校庆委员会的支持后，随即开始歌词创作，同事们决定集体讨论，分开创作，请中国语言文化中心同事根据大家的讨论要点每人创作一首。经过一段时间的准备，近20部作品被提交上来。

经过细致的评审，其中6首风格不同的作品入围初选。根据吴清辉校长的建议，伍鸿宇将这6首入围作品发送给北京大学中文系葛晓音教授和时任香港浸会大学中文系主任的陈致教授进行匿名评审，根据他们的评审意见和校庆委员会的讨论结果，选定其中两首由吴清辉校长提交给校董会主席许嘉璐先生审阅。

许先生很快就确定了最终的作品。最后，这部作品于 2015 年 11 月的校董会上通过，正式成为 UIC 校歌。

巧合的是，许嘉璐先生最后选定的校歌是伍鸿宇的作品，所以他也成为校歌的作词者。

中文校训和校歌确定后，随即开始英文版本的创作和谱曲的工作。英文版本校训 (In knowledge and in deeds, unto the whole person) 后来出自人文与社会科学学部原院长宋美琫之手；校歌谱曲则由时任通识教育办公室主任杨斯敏教授主创，音乐副修课程主任 David Walters 博士和校园音乐活动总监刘美群加上和音，转换成乐章。歌词英译的过程中，也有 David Walters 和宋美琫等的参与。

我和杨斯敏教授 20 年前就认识，当时我们都在香港浸会大学任教，我在数学系，她在生物系。印象最深的是，每年系里或者学院把老师拉出去开战略研讨会时，我经常会借用杨教授的俱乐部会员卡，理学院只有她可以订到清水湾高尔夫俱乐部的会议场地。

有一天，吴清辉校长交给杨斯敏一份校歌歌词的初稿。她拿着歌词坐在办公桌前，细细品味着这简单而涵义深刻的开首 4 句歌词："悠悠珠江文脉长，诸贤会同意气昂。筚路蓝缕创吾校，华夏教育谱新章。"它道出了 UIC 的诞生和任务，很自然地音乐旋律就不停在她脑海里流转。杨教授立刻用最简单的方法把曲调写下，然后请精通音律的同事、校园音乐活动总监刘美群女士和音乐副修课程主任 David Walters 博士加上和音，转换成乐章。

与此同时，另一难题出现了，如何把一段优美的中文句子，转化成英文呢？既要切合中文歌词的原意，又要押韵。经过长时间的思索，终于得到以下翻译："River Pearl runs wide and long, Gath'-ing scholars from beyond. In hardship and adversity, a new College is born."

在同事们的协助下，英文翻译和谱曲工作终于完成了。

UIC校歌
UIC Anthem

作词：伍鸿宇 Lyric by WU Hongyu
英译：杨斯敏 English translation by Mildred YANG
作曲：杨斯敏 Melody by Mildred YANG

回忆校歌校训的创作过程，再读一遍校歌和校训，心情为之起伏。忆往昔，18年征程，不禁感慨创校建校之不易；思来者，春华秋实，UIC必将秉持信念且歌且行，再续辉煌！

校歌校训绝不只是一年一度毕业典礼的时候才想起来的文字，而是流淌在UIC人心底、融合UIC人心志的文化力量。它将激励一代代的UIC师生不断开拓，不断前行。

2010年，已办学5年的UIC还没有自己的宣传片，影视学专业的学生卢川决定为学校拍摄一个宣传片，同时作为他的毕业作品。对于一个在校大学生来说，独立完成一个宣传片绝非易事。如何向别人介绍UIC这样一所历史很短、没有耀眼成就的学校，卢川苦思冥想，直到他有了自己的主意——做一个真诚的、触动内心的片子。

“没有人会讨厌真诚的人。我觉得应该去掉UIC高高在上的外壳，将学校的姿态降到最低。”于是“一同成长”的概念就出现在他的脑海里，也作为一条主线穿插在整个宣传片中。他取了片名叫《UIC与你一同成长》。

事实证明，卢川的想法引起了所有UIC人的共鸣。除了在当时这部宣传片被大量转发外，“Grow with UIC”的概念一直延续至今，成为同学们对UIC最纯朴的爱的表达，也是一种自我激励。

一所大学的办学理念，既是恒定的又是动态的。说是恒定的，是指它在本质特征方面保持稳定，具体是指它的精神、性质和气质。说是动态的，是指它在外延方面保持开放的形态，随时接受各种变化因素的冲刷洗礼，因为时代和社会在不停地变化，它们对大学的要求也在不停地变化。但不管千变万化，学校要永远遵循“博文雅志，真知笃行”的校训，让“Grow with UIC”的精神永远延续下去。

第二十一章

百年名校

作为 UIC 的第二任校长，第二代掌门人，写学校校史 1.0 版之前，我就在思考一个问题：如何把一个少年大学建成一所百年名校？这显然不是一两代人可以做的，是要靠几代人才可以完成的。

就比如大家都知道的微积分这门人类近代史上最重要的科学结晶，牛顿、莱布尼兹让它诞生了，欧拉使它成为了英俊少年，柯西、高斯、拉格朗日等一代一代的数学家把它养育成人，在“职场”上发挥了惊人的作用。正是一代代数学家的悉心呵护，不懈坚持，才能将微积分这门学科发扬光大，魅力无穷。

对于 UIC 这个学校，我想从下面几个方面谈一谈。

第一，建设大学文化。对一所大学来说，最重要的并不是高楼，虽然一定的物质条件是必不可少的，但大学更需要的是一种文化，比如前面谈到的校训校歌，就是学校文化的一方面。在这种文化的熏陶下，学生追求真理、崇尚科学，养成创造精神、批判精神和社会关怀精神。这是 UIC 的育人目标，也是精神之所在。大学的文化传统，是在不断积累中形成的，它绝非一日之功，不可能一蹴而就。

作为学校的建设者，特别是管理者，要有心为之，要善于总结凝练已有的文化传统，在这个基础上顺其路、扩其势，与时俱进地获得新生命。大学文化要有活力，离不开对旧有文化传统的继承，也离不开对时代风气的吸纳。因为大学的根本目的是育人，我们培养的人要成为对社会和国家的有用之才。

科学与人文并举。科学精神与人文精神一开始就是大学精神结构中的左右手，两者具有依存性、一致性和包容性。人文精神既含有发展社会、发展文化的精神因素，也包括发展科技的精神因素。同样，科学精神中既含有科学技术的精神要素，也包括促进社会发展和终极关怀的精神要素。这两种精神在最高层面上是高度融合、统一和不可分离的。

传统与现代结合。中华传统文化有着举世闻名的浓厚积淀，在许嘉璐先生的引领下，UIC 在中华文化学习和传播方面已经取得一定的积累，在家国情怀教育方面已经取得一些经验。UIC 要注意优秀传统的总结与积累，以形成自己的独特传统。

第二，关怀学生，关注校友。博雅型大学在国际上具有很高威望，其特点就是以学生为本，师生互动多，讲求文理兼通，全方位关注学生身心成长。全人教育是 UIC 的核心教育理念之一，旨在培育学生的内在自我，关注学生道德、审美、情绪、社交、健康和精神潜质等方面的提升，达成全面发展。基于这一理念，学校设置了全人教育课程和相应的学习活动，让学生通过“体验式学习”的方式，知行合一，在切身经历中体悟全人之道。UIC 的学习型苑舍文化，包括宿舍管理、领袖才能发展、公民意识建立、兴趣社团发展、学业辅导、专业心理辅导、择业辅导等内容，还有高桌晚宴、大学敬师礼、成人礼、导师关顾计划等等，都是非常好的传统，应该进一步发扬和完善。

校友是学校的重要财富，他们是和学校有“血缘”关系的人，是学校最忠实的支持者，会无私地帮助母校的发展。校友们的成功是在校生的榜样，可以请他们经常返回校园为学弟学妹传经送宝，在学弟学妹走上职场时，提供协助和支持，在学校招生需要时站台演讲、给家长考生答疑解惑。校友们是学校的形象大使，他们可以在自己的中学母校、在深造的学校、在职场上，宣传学校的成功经验，扩大学校的影响。再过若干年，他们又是学校基金会的重要参与者。

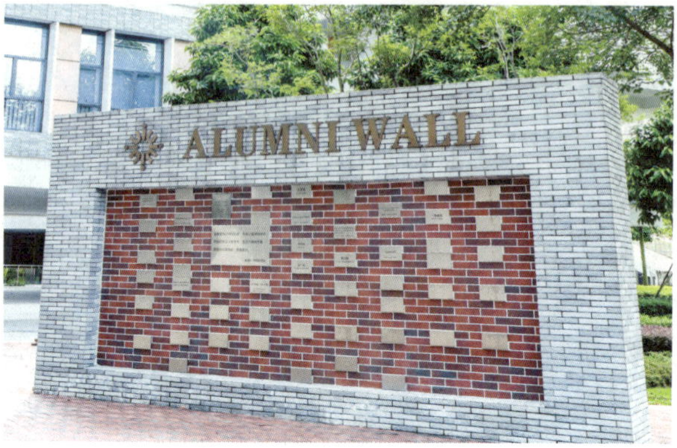

校园里的“校友墙”，记下校友捐款的事迹。

校友捐款文化已经在逐步形成。UIC 校内有个“校友墙”，捐赠者将永久留名于校友墙上。设计“校友墙”是为了凝聚并延续 UIC 历史，促进历届校友们的沟通，构建良好的文化氛围。当校友返校时，看着校友墙上刻着自己的名字，都会倍感亲切。

和校友保持经常的联系，建立和巩固各地的校友会，在力所能及的情况下，帮助校友发展，这也是 UIC 所要坚持的一个传统。

第三，聚集人才，为校所用。优秀的大学教师要有高度的责任感和教学热情，专业精深、知识广博，并且一所大学必须吸纳一些有学术地位的、有知名度的领军教授。一所大学实力的主要要素是教师水平和学科水平。UIC 目前不少教师来自斯坦福大学、哈佛大学、牛津大学、剑桥大学、芝加哥大学、帝国理工学院、普林斯顿大学等世界名校，也有一些富有特色的学科，但需要注意的是，目前UIC有学术影响的教授不够多，有重大知名度的学科不够多。大学领导人应该把注意力放在招聘上，到世界各地招聘最好的教员，并让他们快乐地工作和生活。

在学校的进一步发展中，特别是财务经费更加稳定的情况下，应该加强引进年轻才俊和知名学者的力度，争取让他们长期在UIC工作。

小而精的高水平研究队伍可以为学生提供优质的学术研究方向和方法。通过创新观念的树立、创新思维的养成、创新能力的增强，结合学校整体建设、发展与改革实际，在一批学术领军人物的带领下，使学校在部分科研领域达到国际水平。

第四，大学小镇，百年校园。优美的校园环境有利于陶冶师生情操、激发灵感、促进师生身心健康。UIC的第一期校园富有香港建筑特色，实用、优美，得到了师生们的一致好评。第二期校园会有更多现代化、国际化元素。考虑到经费来源，第二期校园的建设会缓慢推进，可能需要5年，甚至更长的时间。但时间拉得长一些，也不一定是坏事，可以让更多任校长和他的班子参与，群策群力，贡献智慧。只要一代代校长们齐心协力，用心建校，一个优美、实用、大气的校园将会逐步展现。

大学小镇是UIC的一个亮点，这是在整个亚洲难得一见的校园，校园中间是一个漂亮的古镇，并且是一个有历史、有故事的古镇。值得学校去不断品味，不断融合。校园建设应该时时围绕着大学小镇这个概念。

第五，大学家庭，大学基金。在我的心目中，像UIC这样一个中小型的博雅型大学应该营造一种家庭气氛。学校像一个家庭过日子一样，艰苦奋斗，从捉襟见肘到逐渐小康，以后走向富足。这样的发展过程就会增加凝聚力，培养大家的“一家人过日子”的感觉。

UIC 的一些老师是香港浸会大学的博士，比如现任的理学院院长潘建新就是浸会大学最早的一批博士生。他毕业后去英国工作，在英国名校曼彻斯特大学升为讲座教授，并担任过系主任。当 UIC 召唤他归来时，他就毅然前来，带领 UIC 的理学院往前发展。

UIC 自己的毕业生也有人深造获得博士学位后，回到母校任教了。UIC 第一届学生李致远，是 2009 届计算机科学与技术专业毕业生，毕业后去加拿大深造，取得康考迪亚大学计算机科学博士学位。2018 年，李致远回到母校任教，担任计算机系助理教授。从一名学生变成了一名老师，作为第一届毕业生的他对“Grow with UIC”这句话有着深刻的体验和感情。

我希望在不久的将来，我们教职员工的子女，学成归来后，接过他们父母的班，继续“家庭”的教育事业。

在世界一流大学评估体系中，筹款能力已成为一项重要指标。尤其在美国，社会捐赠已成为大学独特的物质财富和精神文化，也成为一所大学综合实力的折射。高校基金会作为高校筹募社会资源的重要渠道，对促进高等教育事业发展具有重大意义。像 UIC 这样办学经费基本来源于学费的学校，基金会的作用尤其重要。目前这方面是学校的一个短板，随着历史的沉淀，随着校友的增多，随着影响力的增加，希望基金会的作用越来越大，有更多的有识之士加入支持学校的行列里面。

除了以上五个方面，我也谈谈可能的注意事项，这也是我近 20 年来对教育管理的一些观察、一些体会。

首先，我希望 UIC 一代一代的领导们，要多做“加法”，要珍视前辈的努力成果，要多保护已形成的优秀文化，在此基础上与时俱进、不断延伸。在做必要的革新之前要考虑全面，特别要避免“标新立异”和“好大喜功”。

一个学校规模的扩张或者缩小是一件大事，要避免为了“量化指标”“排名”，或者让学校财务盈余，去“大跃进”、去无序扩张。做得不好，是一场灾难。UIC 的小班教学、博雅教育决定了学校规模不宜过大。学校的必要扩张应该得到师生们的共识，不要一个人说了算。

其次，学校要避免逼着老师去拿“帽子”，去不断“报奖”。以论文数量论成败，以项目多少论业绩，都是不符合教育规律的。好的科研成果和优秀的科研人才，学界和同行是可以看到的，不需要外在的量化选拔。学校领导要尽量避免走“量化人才”这条路，要保持学校教书育人的一方净土。学校领导层最主要是把时间和精力用于招聘优秀的学者和院系领导人，建立良好的学术文化，还要多培养和留住优秀的教师，也给那些热爱科研的老师应有的支持，包括时间和经费。

现在有些学校希望以几亿甚至几十亿元的投入，培养几个世界级科技领军人才，以期取得国际最高科技成就。然而这种思维模式显然违背科研的基本规律：重大前沿科学突破是一个知识积累的过程，需要通过一两代人甚至更长的时间才能完成，不可能仅通过巨额投资在短期内就可以获得，就如同中国男足不可能通过砸钱就变成世界强队一样。校领导切忌把巨额经费放到自己的课题组或科研伙伴那里，既然做了校领导，就要专注管理学校，专注引才育人。校领导不应该再去思考自己如何夺取诺贝尔奖，而是要培养下一代人去做栋梁之才。

百年名校的建设，需要一代代人艰辛付出、精心培育，在不断地努力和奋斗中完成。在这个过程中，它会受到各种因素影响——大学所处的地域文化传统、历任领导者的学识修养、大学办学理念、知名学者的品格气质、优势学科的形成与影响等。但我坚信，只要我们充满办学激情，对自己所做的事情充满信心，热爱教育事业，遵循教育规律，坚持优良传统，在困难面前百折不挠，UIC 开拓者们制定的“一流博雅大学”的目标一定会实现的。

附 录

附
录
1

建校十周年 | 对话许嘉璐先生：像 UIC 这样的学校办晚了

2015 年，建校十周年之际，UIC 新闻公关处吴艳老师采访了 UIC 校董会主席许嘉璐教授。

作为一位耕耘不辍的教育工作者，许嘉璐先生对 UIC 这个年幼稚子无疑是偏爱的。他出现在 UIC 的每一个重要时刻，更不吝给予赞美之词，例如引用率颇高的两句话："UIC 的成立将为中国高等教育开辟一条新路"，"如果我年轻 50 岁，一定会报考 UIC"。

第一句出自 2005 年许嘉璐先生在 UIC 成立暨奠基典礼上的致辞，第二句则是 2010 年学习资源中心（图书馆）落成时许先生的感慨。如果说，前者饱含着许先生对 UIC 的期许，那么后者则道出了他在办学五年初见成绩后的欣慰。

当 UIC 跨越了第一个十年节点，许嘉璐先生又会给出怎样的评语呢？

UIC 的创办是时代赋予的使命

许嘉璐先生在北师大从教 56 年，其间曾经从政，但始终没有离开讲坛。他多次出访五大洲国家和港澳台地区，走得越远，越深刻地感受到，中国的教育必须改革，用他自己的话说，“跳出原有体制的框架，我开始思考怎样推动中国教育的改变。”

有没有一种可能，在我们自己身边建立一个前所未有的高校品牌，把别人在课程设置、教育方法、管理机制方面的好东西引进来？答案在 2003 年终于有了。这一年，在许嘉璐先生的推动和参与下，《中外合作办学条例》颁布实施。次年，北京师范大学和香港浸会大学签订合作协议。2005 年 4 月，北京师范大学 – 香港浸会大学联合国际学院（UIC）获教育部特批成立，成为国内首家内地与香港合作创办的高校。

“像 UIC 这样的学校在中国办晚了一些，这不是后悔，因为如果中国改革开放不到一定阶段，如果教育事业发展没有遇到困惑，就不会有中外合作办学，我们要认清事物发展的客观规律。这是时代赋予的，不由人做主。”许先生说道，“希望 UIC 的孩子们认识到这个机遇来之不易，他们赶上了好时候，应该珍惜。”一方面中国内地高等教育有迫切改变的需求，另一方面香港浸会大学也在思考为祖国的教育做一份贡献，大家不谋而合，UIC 应运而生。

UIC 从设想到创立再到办学，首先要感谢北京师范大学和香港浸会大学两个母校。浸大在教学资源、人力资源和经验方面，都给予了 UIC 很多支持，而北师大的校领导和教授们对 UIC 这样一个新生事物的宽容，这本身就是一种很大的支持。在政府层面，UIC 也同样受到了礼遇。对此，许先生也心存感激。

“要知道 UIC 当年申请办学的时候，是全国中外合作办学的第二家，第一家是宁波诺丁汉大学。一个新生事物怎样允许她出生，以后又怎样爱护她、帮助她、管理她，这些都没有经验。但是，教育部、广东省政府以及珠海市政府顺当地通过了审批手续。每一次 UIC 有需求，三级政府都能按照法律法规，尽力支持、给予方便。例如，UIC 新校园的 300 亩地就是珠海市政府大力支持的结果，他们也希望这所大学能给珠三角、中国乃至世界，培养高素质的优秀人才。"

现代大学有三个趋向：个性化、国际化、社区化

身处于一个多元开放的世界，所有大学都在寻找自己的发展趋向，以应对当下和未来世界日新月异的变化。在许嘉璐先生看来，现代大学基本都具有三个趋向：个性化、国际化、社区化。

"第一是个性化，就是每个大学要有自己的特色。这个特色原来人们认为只在于专业设置，其实不尽然，管理、氛围以及专业都该有自己的特色。第二是国际化，即使欧美大学已经和世界其他地方有了密切联系，现在也在努力走向国际化。这里的国际化兼顾东方和西方，思考、研究全球问题。第三个趋向是社区化，就是学校要走出校门，进入社区、为社区服务。"

许先生以 UIC 为例说明："成立至今，我体验了很多由学生主办的很有创意的活动，这些活动不仅舒缓了学习的压力，也锻炼了学生的能力。这也就是 UIC 说的全人教育、四维教育、博雅教育，这三者合起来，UIC 的特色和个性开始渐渐显露出来。"

而对于 UIC 这个内地和香港两地联姻的新生儿，怎样在保有个性化和国际化的同时做好社区化，无疑是一个新课题。"内地和香港在处理事情上确实存在一些差异，包括法律法规在内。太过内地化，就会没有独特的风格；完全按香港模式办，又会不合国情。因此，我们只能立足珠海，尽力为当地社群做好服务。这是京港融合的切入点。"

UIC 学生时常去珠海当地的中小学、福利院做义工，学校在社会管理、食品安全、环境保护等多方面为珠海政府建言献策、提供培训，毕业生也会留在珠海工作或创业，等等。许先生强调说："社区化是未来大学必走的一条路。"

UIC 的博雅教育以中国文化为主体、广泛吸取世界的好东西

UIC 从创校之初就怀着办成一流博雅型大学的理想，十年办学，不忘初心。

"我们要做出这样一种博雅教育：以中国的文化为主体，广泛吸取世界各国所有好的东西，让孩子们既博又雅。"许嘉璐先生如是概括。

在他的理解，"博"是广博，让学生能够有广泛的知识和最大的视角；"雅"是高尚，精神的高尚，举止的高尚，生活的高尚，要培养孩子视野广阔，知识丰富，又有高尚的追求，快乐幸福地度过一生。实现这样的目标，需要学校、老师以及同学们长时间的摸索和努力。"在这个过程中，可能会有很多不同的评议，这种评议本身就是财富，我们可以广收博取、兼收并蓄。中国文化的特点就是包容，多元之间相互学习、彼此补充。"

教授治校：管好大事，兼顾效率

近年来，"教授治校"和"去行政化"成为中国高等教育界的热搜词。大家都在探索：教授如何在治校上发挥更大作用？而在 UIC 这个行政色彩本来就不浓的学校，教授治校更关乎学校的管理模式。

对于这个问题，许嘉璐先生也有自己的看法。"在我访问欧美的顶尖大学

时，发现他们也面临同样的问题。大家都了解，教授的个性很强，都有自己的见解，那么如何兼顾效率？我理解的教授治校应该是教授管大事，因为每位教授都有自己的教学和研究任务，时间不充裕。比如UIC，由教授组成负责不同领域的委员会，在大事上做出决议，提供给校长抉择，领着行政人员去做。我想这就达到了教授治校。”

当被邀请对UIC过去十年给予简短评价时，许嘉璐先生稍稍停顿后说道：“中国的高等教育不改革是没有出路的，但是不能心急，改革涉及观念，观念体现在习惯上。我期许的UIC不仅要培养内地、香港和世界需要的人才，我还期望产生更大的效应——推动内地高校的改革。这个愿望目前还没有达到，但是UIC的影响会越来越大，对照参考的学校会越来越多，我对我的期望是有信心的。”

附录2

2015年第八届中美博雅教育论坛许嘉璐先生的演讲

2015年11月19日，由UIC举办的第八届中美博雅教育论坛顺利闭幕。第十届全国人大常委会副委员长、UIC校董会主席许嘉璐教授出席闭幕礼并致辞。

非常高兴能够参加第八届中美博雅教育论坛，见到这么多我们的老师、同学，特别是远道而来的美国的朋友，请允许我说一句：欢迎！

我不想在这里回顾历史，既然吴校长刚才已经谈了2003年的事情，我不想跟随他的脚步。因为当时我的想法是能够让我两个母校联起手来，生下一个未来，这就是UIC。我们应该多想想未来，回顾过去也是为了未来。但是，我可以在这里向外国的朋友和UIC的老师、同学谈一下我当时的心境和忧虑。

我看到了世界不确定性越来越严重，我也看到了欧美宗教信仰实际上在衰退，但是回身看我的祖国，人们似乎把过去的信仰忘却了。我在思考，什么原因造成这种局面？这样下去，人类会怎么样？我想，物质主义、享乐至上可能是一切问题最根本的原因。乃至于中国的教育，也深陷到为了生产物质而培养人，为了能更好地享受生活而送自己的孩子去上好的学校、好的大学。这样下去，中国也会面临种种的危机。于是我有个想法，我的第一个母校，北京师范大学，已经有一百多年的历史了，它在人文社会科学方面，在中国是属于站在前列的。我的第二个母校，香港浸会大学，身在香港，面向全世界，它可以更便捷地获取教育领域、学术领域最新的信息，同时香港本身就是一个中西文化结合的特殊地方，又积累了很多的经验。中国作为一个有13亿人口国家，只有当她培养的人才摆脱了享乐主义、科技迷信和物质至上，那么，中国才可能持续发展、永续发展，同时也可以给世界作出更大贡献。

于是作为婚姻的中介人，我就让两个母校结合了。中国所特有的婚姻介绍所，在男女双方结成了伴侣之后，就没有它（中介人）的事情了。没有想到，我这个介绍人，介绍两个母校结合以后，我还离不开这个学校。但是我相信，我自己也觉得，这十几年我和UIC结下的不解之缘，是我这一生中最有意义的事情。在我们校长、副校长、全体的教授、老师，不管是内地的、香港的、世界各国的，他们勤勤恳恳付出了极大的心血，才有了UIC的今天。在这个过程当中，本着UIC的理念，我们是一个开放的大学，我们要吸收各国卓有成效的教育经验和中国的情况相结合，所以我说UIC非中、非英、非美，我们是一个在探索中出现的全新的婴儿。在这个过程中，我们也得到了在座的各位外国教育家对我们无私的支持，我想再次代表UIC对你们表示感谢。

刚才，我们欣赏了同学们的精彩表演。左边的琴是中国古代传下来的，已经有一两千年的历史；右边的同学，好像把小提琴放到腿上，那是大约一千年前我们从中亚学来的，这场演出本身就是中国固有文化与外来文化最好的结合。右边这一乐器，中国叫二胡，也就是第二类的胡琴，在中国语言里，它叫胡琴，为什么叫做“胡”？是因为在汉代，称中亚一带的人为胡人。但是，刚才我们同学拉的胡琴，已经不是一千年前胡人所拉的原样了——琴弓和琴弦是分开的，像小提琴一样，弓在弦上拉，也就是现在内蒙古地区拉的马头琴的样子。现在，这个琴弓已经跑到两根弦的当中去了，让它们跑不掉，就像北京师范大学和香港浸会大学一样。而且曲子、格调据我所知，中亚地区由于是游牧（民族聚集地），也是在不断地征战当中，曲调常常是低沉、哀怨的慢节奏。在我访问阿塞拜疆、亚美尼亚这些中亚国家的时候，还聆听了他们保留的传统音乐的琴调，就是我上面所形容的。但是刚才我们同学所奏出的曲子和琴声，它是深沉的、思考的、活泼的和内敛的。

我们学校是完全开放的大学，吸收各方面的营养，但是绝不可能是克隆、照搬，都经过我们味觉、肠胃的消化，最终形成一个非中、非英、非美的新生儿。但是人还要做逆向的思维，我可以把刚才的话翻改为亦中、亦英、亦美、亦世界。

博雅教育是构成 UIC 特色的很重要的方面。我相信，我们似乎是从国外学习了博雅的教育，但是它也符合中国儒家的教义。教育的本质就是要培养尽可能完善地为社会服务的人，而尽可能完善的人不是靠知识和技能堆积起来的，更重要的是成为一个有高尚灵魂的人。那么我想，我们和世界上很多国家一起开展博雅教育，形式可能有所不同，方法可能有所差异，但大家的目标是一致的，就是为了培养能够应对今天世界和未来世界的人才。

2009 年 3 月，许嘉璐颁发以他名字命名的首届全人教育奖学金给一名香港学生。

我记得我曾经在 UIC 对同学们讲话说过，你们每个人既是中华人民共和国的公民，也是你生长的某一省某一市的公民，但更重要的是，你应该成为世界公民。通过什么途径去培养？我想博雅教育是中国和西方一起探讨出来的有效途径，也是学生愿意接受的方式。当然我也知道，开展博雅教育，无论是在中国，还是在欧美，都遇到很多的困难和障碍。但是，世界上的学者与教授，几乎有一个共同的性格，就是当自己认识到一个真理后，都会坚持，都会继续不断地向前走。因此，虽然当前人类遇到了种种危机，可是，只要我们抓住教育，教育的普及、教育的提高、教育的博雅，我相信，人类的前途是光明的。面对着当前我们遇到的困难与障碍，我想最重要的解决办法就是要联起手来，不断地探索适合今天、有利于明天的博雅教育的内涵、外延、方式、方法。

刚才我说了，我们还在实施博雅教育的时候，受到了在座各位朋友，各个大学的大力支持和帮助，我想现在到了我们回报的时候了。这个回报就是：请在座的朋友明年再来，请更多的朋友明年一起来，让我们共同为了未来，为了孩子，来打造更好的博雅教育。让我们相约明年，找一个风和日丽的日子，在这里，我来欢迎大家，祝大家一年顺利，明年也顺利到 UIC 来。

（本文根据录音整理）

附录3

2014年6月金同路校园奠基礼吴清辉校长致辞

珠海市人民政府与UIC合作协议签约仪式暨UIC新校园奠基典礼于2014年6月20日在珠海唐家湾会同村举行。下面是吴清辉校长在典礼上的致辞。

尊敬的许嘉璐先生、郑庆顺副厅长、何宁卡市长、龙广艳副市长，各位校董，各位来宾，各位同事：

首先，我谨代表北京师范大学－香港浸会大学联合国际学院（UIC）全体师生，欢迎各位来到环境优美、历史悠久的会同古村，就在刚才，在各位的共同见证下，珠海市政府与UIC正式签订合作协议，UIC的新校园将落户在这里。感谢各位嘉宾在百忙中抽空来参加我们的签约仪式暨新校园奠基典礼，你们的支持，对于一所还未满10周岁的新型大学来说，实在是非常大的鼓励。

从2012年珠海市政府与UIC签署战略合作框架协议，提出双方在社会管理、横琴发展、大学小镇等方面开展合作；到今天双方正式签约，我们的合作一步一个脚印，走得很扎实。今天的签约，对于UIC和珠海市高等教育的发展，都具有里程碑的意义。

古人说："有朋自远方来，不亦乐乎！"今天我感到很高兴，因为有很多关心和支持 UIC 的朋友共聚一堂。请允许我再多用一点时间，向各位表达最诚挚的感谢。我要感谢许嘉璐先生对香港和内地合作办学的独具眼光和大力推动，感谢黄龙云主任、罗伟其厅长和广东省教育厅对高等教育的关爱重视，感谢珠海市委、珠海市政府对 UIC 的悉心扶持，以及在 UIC 成长过程中给予帮助的所有朋友，谢谢大家！

刚才听到龙广艳副市长热情洋溢的讲话，我几乎就要掉眼泪了，部分是因为看着 UIC 一路走来很兴奋，还有一部分是因为在这个过程中各方面都承受了很大的心理压力。但我们都坚持到了今天。

我还想说，今天我不但感到高兴，也感到非常激动。还记得 2005 年 11 月 18 日，我们在金凤路举行了 UIC 成立暨奠基典礼。9 年后的今天，我们在会同村举行 UIC 新校园奠基仪式。这样的发展，实在令人欢欣鼓舞。

9 年时间对于一段新路的开拓来说，并不算短。作为第一家内地与香港的大学合作建立的高校，我们走过一段独特也并不容易的道路。幸运的是，以北师大和浸大的根基，在两所母校校董的支持和大家的合力之下，UIC 在珠海这片宝地上迅速成长，获得社会的广泛认同。市长、副市长你们放心，我们不会离开珠海这块宝地的。

在 2005 年的成立暨奠基典礼上，校董会主席许嘉璐先生的一番话，言犹在耳。许先生说："当春天来临的时候，你到我们校园的山坡上去观察，你看看草以它柔弱的身材，如何冲破种子的硬壳，如何解开僵硬的刚刚开化的泥土，从此蓬勃成长起来，联合国际学院也是如此。"许先生，你还记得吗？ 9 年后的今天，相信在座的每一位，都能深刻地体会到这句话的感情吧！

最后，我再次感谢各位今天来到会同古村，与我们一起分享 UIC 新校园奠基的喜悦。请各位想象一下，几年之后，这里将会变成一个充满人文气息的

"大学小镇"，有来自世界各地的教授和学生，有多种语言和文化，实现"社区中有大学，大学中有社区"，这该是怎样一幅美好的画面？

我期待，我们到那时再一次相聚在这里。我相信，我们会再一次为今天付出的努力感到欣慰和骄傲。谢谢大家！

附
录
4

对话吴清辉：一位香港学者眼中的改革开放40年

在改革开放40周年之际，UIC新闻公关处何锭老师采访了吴清辉校长。吴校长回顾了他眼中的改革开放40年，以及他的教育之旅。

作为香港教育界代表，UIC校长吴清辉教授于2018年11月参加了“香港各界庆祝国家改革开放40年”代表团访问深圳、北京的活动。

在吴清辉看来，改革开放40年不仅带来经济体量的巨变，科学研究和教育也有了长足的进步。

这40年，他竭力促进香港和内地的学术交流和发展，为内地的教育改革事业积极探索。他的一些举动，今日看起来似乎稀松平常，在当年可是颇为大胆、深具开创性。

今天，我们一起来对话吴清辉校长，听听他眼中的改革开放40年。

改革开放前夕，开放参观访问

吴清辉出生在抗日战争时期的上海，小学至高一在广州接受教育，到高二随家人迁往香港，在20世纪60年代先后求学于澳大利亚和加拿大，在加拿大英属哥伦比亚大学获得化学博士学位之后，又到美国加州大学从事博士后研究工作。70 年代，吴清辉选择回到香港大学任教。

1971 年元旦，吴清辉自返港后第一次回到内地，和家人去广东肇庆七星岩旅游。吴清辉记得当时社会物质条件还很落后，当地只有一两间旅馆，晚上 7 点过后就不再供应餐饮，而且周围也难见几家餐馆。作为访客也能感受到不太寻常的政治气氛，但他依旧坚持每年都回内地一两次看看。

打倒“四人帮”后第二年，内地逐渐开放参观访问。“我们可能是最早一批受邀到内地学术访问的香港学者。”吴清辉回忆道。同行的还有后来任 UIC 学术副校长的徐是雄教授。

他们访问了吉林的中科院应用化学研究所，去北京大学参观、座谈。当时北大还未恢复元气，学术上显得比较静。但对这次难得访问学术机构的机会，这些香港学者还是感到很兴奋。

第一个十年：科学与教育再上路

十一届三中全会宣布改革开放后，香港工商界人士敢为先锋，在内地投资设厂，支持国家的经济建设。

“刚开放时，许多做法还不规范，我们曾担心这种情况会不会影响未来发展。”

除了经济建设，科技和教育也重新摸索发展道路，渐渐恢复生机。

吴清辉于 1985 年加入当时的香港浸会学院任化学系主任，后于 1989 年至 2001 年间担任理学院院长。

"学术界的人很高兴。中科院重新上路，明确为科学家服务，这是很好的信息。"吴清辉说。

恢复高考对青少年的命运产生了翻天覆地的变化。香港很多热心人士慷慨捐赠，促进内地大学的发展。而其时，"具体怎样开放，作为学者，当时并不能完全估计，也未能料到有今日成就"。

尽管未来并不明确，但改革开放的大潮不可阻挡，波涛汹涌般迅速改变了整个国家的面貌。

第二个十年：促交流、迎回归

第二个十年伊始，受内地风波影响，香港学界一度陷入沉默，但众多学者内心盼望着祖国日益强大。此时，吴清辉和一群志同道合的朋友决定成立香港学者协会，"希望能（为国家）做点事"。

香港学者协会通过科技部参与科技扶贫，鼓励内地优秀的科学工作者到发展落后的地方服务一两年，开展改善农作物等造福一方的研究。

"我们成立基金，奖励科学工作者。（项目）运行了好几年，取得了一定成绩。"吴清辉因此被评为首届全国十大"扶贫状元"。

随着回归的步伐越来越近，内地和香港交流更加密切。作为香港浸会大学理学

吴清辉校长在香港浸会大学。

院院长的吴清辉，一方面推荐香港学者到内地交流，另一方面也积极推动内地教授来港作访问学者。

“香港聘请了不少内地的科学家来港工作，丰富了科研队伍，对香港科学研究的进步，我觉得产生了很大作用。”

当时内地的收入水平和香港有很大差距，很多学校给内地学者的薪酬较低。吴清辉对此不以为然，“我觉得应该一视同仁，当时浸大是第一个同工同酬对待内地教授的”。

1995年吴清辉被聘为港事顾问，后任香港特别行政区筹备委员会预备工作委员会（预委会）成员、筹委会成员、临时立法会议员。

“中央多方设计、制定了很多策略，尽量避免回归后出问题，以保障未来的特区政府能有健康的财政状况。”小到诸如街道名字要不要改的问题，筹委会都会认真讨论。

“中央非常关心香港的未来，作为参与者感受很深。”

第三个十年：开创两地高等教育合作先河

从恢复高考的喜悦，到热议应试教育的利弊，质疑高考“一考定终生”的声音此起彼伏，人们期盼新一轮的教育改革。身在香港的吴清辉也在思索，如何实现他的教育理想，让国家的教育范式能有新的参考。

香港回归后，他先后担任两届立法会议员、三届港区全国人大代表。2001年，吴清辉出任浸大校长，同时辞去立法会议员一职，专心校政。

“我一直有个情结，想在内地办个大学，为国家作点贡献，所以当上浸大校长后，我就在酝酿有没有条件做。”

吴清辉和副校长、院长等同仁去内地考察，他们去如今的粤港澳大湾区走了一圈，对珠海最为心仪。参照中外合作办学条例，浸大还需要找内地大学合作，为此接触了多所大学。在参加全国人大会议时，吴清辉遇见全国人大常委会副委员长许嘉璐，许嘉璐谈及办学事宜，并表示很乐意帮忙牵线浸大和北京师范大学。

于是在 2005 年，一所寄托着一代人厚望、承担着中国高等教育多元化试验田重任的新型博雅大学——北京师范大学 – 香港浸会大学联合国际学院（UIC）在珠海诞生了。吴清辉兼任浸大和 UIC 的校长，可以享受退休生活的他仍在为下一代的教育事业呕心沥血。

吴清辉说，大学的类型应该多元化，美国的博雅型大学专注于本科教育，培养出一大批杰出人才，这种教学模式值得借鉴。

恰如国家改革开放一样，UIC 创办之初也是“摸着石头过河”。

“筚路蓝缕创吾校，华夏教育谱新章。”UIC 的校歌如是唱。

香港庆祝改革开放 40 周年访问团在深圳前海，图为吴清辉校长（左四）与香港行政长官林郑月娥（左六）、香港中联办主任王志民（左五）。

第四个十年：湾区融合

吴清辉卸任浸大职务后，专职做 UIC 校长。在培育全人的理念下，10 届近万名毕业生从 UIC 走向社会，超过半数去香港和海外深造。吴清辉一直鼓励他们胸怀祖国、放眼世界，让人生发光发热的同时，也作为文化传播的使者，向世界讲述中国故事。

在全面深化改革阶段，粤港澳大湾区建设被提上日程。吴清辉认为，UIC 能在大湾区建设中发挥独特的作用。作为香港与内地教育合作结成的硕果，“UIC 就是大湾区融合的产品”。

港澳如何融入大湾区建设，吴清辉认为不只在经济层面合作，人心互通、教育互通、社会福利互通、医疗互通等都是起码的条件。

“UIC 对引进香港人才有独特的优势，可以多穿针引线，吸引浸大和其他学校的人才。”

近年学校在促进两地青年交流方面也做了不少努力，通过举办夏令营等活动，也迎接了不少香港学校和社团的访问团。

UIC 在诸多研究和服务领域也与其他学校和机构合作，比如在养老和社会服务方面，与当地部门和机构已合作开展了不少项目。UIC 还成立了食品安全检测中心，希望将其建设成一个大湾区食品安全的标杆性第三方检测实验室。

吴清辉希望，未来 UIC 能为粤港澳大湾区教育创新合作，再做一个先行先试的探索者。正如他 40 年如一日，不停为教育和科研事业奔波，力所能及地做着一名开拓者、探路人。

附录5

办中国特色的国际化教育

《中国教育报》2022年7月7日对汤涛校长的访谈

中外合作办学是新时代中国特色社会主义教育事业的重要组成部分，其特色在于“扎根中国大地办国际化教育”。如何在彰显中国特色的同时，办世界一流的教育？本报就此专访了计算数学家、中国科学院院士、UIC校长汤涛，以期提供思考与借鉴。

记者：您在英国获得博士学位，又长期任教于加拿大、中国香港，从您个人经历出发，您认为接受国际化教育能给学生带来什么收获？

汤涛：从我个人经历来说，接受国际化教育极大拓宽了我的视野，包括学术、文化、语言等方面，让我可以从更广阔的视角去认识、理解和分析事物，对我的学术成就还有后来管理国际化大学很有帮助。对于学生来说，国际化教育能帮助学生锻炼独立思考能力，学会自立，认识来自不同国家和文化背景的新朋友，这对个人成长非常有益。

记者：从高校领导者的角色出发，您认为扩大国际交流合作对于中国高等教育发展有何意义？

汤涛：从更高层面来讲，我认为扩大国际交流合作对中国高等教育发展意义重大。历史上有很多知名的留学归国人才，包括“留学之父”容闳、“两弹一星”功勋钱学森等，为近现代中国社会、科技、文化等发展作出了重要贡献。扩大包括中外合作办学在内的国际教育交流合作，有三个方面的重要价值：其一，我们可以拓展优质教育资源，实时了解世界的科技和教育前沿；其二，我们可以培养更多具备国际竞争力的优秀学子，引入更多高层次人才，实现可持续发展；其三，扩大国际交流合作还能有效促进全世界 80 亿人的沟通与了解，重新思考人类的共同命运。

记者：新冠肺炎疫情给当下的国际教育交流合作带来哪些影响？如何应对其带来的挑战？您认为后疫情时代中外合作办学会出现哪些变化或者发展趋势？

汤涛：因各国（地）入境、签证、航班等政策限制，线下交流变少了，国际交流合作受到比较大的影响，但同时，线上交流增多了，线上线下相结合的交流合作更加灵活，这是个趋势。新冠肺炎疫情持续影响全球，国际关系出现不确定性因素，导致出国前景不明朗，一些原本计划出国的学生求学之路受阻，这给中外合作办学带来一些机会。我所在的北京师范大学－香港浸会大学联合国际学院是第一所内地与香港合办的大学，自成立至今，在各级政府和教育主管部门的领导和支持下，取得了一些成就。中外合作大学经过多年努力，以优质的办学成效，吸引了越来越多的国内外优秀学子报考。我想，后疫情时代国际

汤涛给本科生上课，教授常微分方程。

化教育的关注点会逐渐放到中外合作办学上来。中外合作办学是教育对外开放的重要载体，其快速发展，有助于加快培养具有全球竞争力的高层次国际化人才，服务新时代国家发展的目标。

记者：中外合作办学的特色是引进境外优质教育资源，“为我所用”。在您看来，应如何做到扎根中国大地办学？

汤涛：我想首先是要立足本土、立足中国国情。一些中外合作办学机构和项目早期直接移植境外校方的管理模式，会出现水土不服的情况，需要一个磨合、理解、适应的过程。其次，中外双方都要有开放包容的姿态，尊重各自的理念，按照教育规律办学，这样才能实现办学模式的完美融合。最后，中外合作办学机构和项目要基于在中国实施国际化教育的语境，挖掘自身的办学特色。以北京师范大学－香港浸会大学联合国际学院为例，与多数研究型大学不同，我们致力于建设一流的博雅型大学，体现在我们既重视育人，使学生思想活跃、善于学习，具备深耕专业领域和跨学科发展的能力，同时积极探索中外合作办学机构开展思政课的新途径，厚植学生的家国情怀，在爱国的基础上，引导学生形成全球视野和卓越的跨文化交流能力。

记者：北京师范大学－香港浸会大学联合国际学院一直致力于建设新型博雅型大学，在您看来，什么是新型博雅型大学？在这样的大学里，如何体现中国特色？

汤涛：一是教育理念新。博雅型大学在国际上具有很高威望，其特点是以学生为本，师生互动多，讲求文理兼通，注重学生心智的开启与扩展以及人格的培养与塑造，全方位关注学生身心成长。博雅教育是由西方舶入的概念，在中国的实践中需要作适当的改良。在这方面，北京师范大学－香港浸会大学联合国际学院在近 17 年的办学历程中做了有益的尝试，即在博雅教育、全人教育和国情国学教育课程中，大量且系统地融入中华优秀传统文化，收效十分显著。

学生在食品科学专业实验室做实验。

二是管理模式新。我们颁授香港浸会大学学位，学术质量保障体系严格、接轨国际，同时注重吸收中国育人传统理念，凸显新时代中国教育要求和特色。

可以说，新型博雅型大学融汇中西、贯通古今，致力于培养“博文雅志、真知笃行”的人才。

记者：办学实力可以从多个层次考察，而对经济社会发展的贡献度是重要参考因素之一。在您看来，中外合作办学应怎样服务经济社会发展？

汤涛：服务所在地区或者国家经济社会发展，是大学的重要功能之一。大学必须从自身实际条件出发，依据经济社会发展需要调整学科专业结构和人才培养类型结构，主动为战略性新兴产业提供引领。北京师范大学－香港浸会大学联合国际学院近年来新增了7个专业，涵盖文理、艺术等类别。新增专业主要是考虑社会和产业的发展对相应人才的需求，其次是考虑学校自身学科建设和发展需要。比如，我们开设人工智能专业，人工智能是个强势兴起的交叉学科领域，急需数据分析、技术研究、产品开发等高水平专业人才。再比如中华文化与国际传播专业，是基于加强我国国际传播能力建设的实际需要、基于国际化大学的资源优势开设的，有助于在新的国际格局下，培养拥有中华文化深厚根底和国际学术视野，具备中英文沟通技能，具有良好理论素养与实践运用能力的中国文化传播者，为讲好中国故事贡献一份力量。

习近平总书记强调:“要建立交叉学科发展引导机制，培养高水平复合型人才。”学校一直鼓励学科之间打破壁垒、增进交流，把交叉学科作为人才培养的重要方向。当下阶段，我国在加快数字经济、数字社会、数字政府建设，学校在2022年拟新增社会学（数字社会科学）专业，这也是个新兴交叉学科，致力于培养建设数字中国所需要的人才。在增设交叉学科专业的同时，学校也在打造优质的跨学科科研平台，促进学科交叉融合，带动多学科共同发展。

记者：随着技术迭代加快和全球格局演变，未来世界更需要什么样的人才？身处具有创新基因的粤港澳大湾区，学校如何营造创新的氛围？

汤涛：当今世界发展日新月异，尤其是新冠肺炎疫情带来了许多不确定性，让人们深刻意识到教育不能只培养当下的专业人才，更要着眼于未来。我认为，未来的人才应该拥有良好的综合素质，包括独立思考能力、沟通能力、创新能力、实践能力，不仅能熟练运用所学专业知识解决实际问题，也要对其他学科领域有所涉猎。所以我们一直倡导，让理科生学习哲学、文学等，让文科生接触数学、商科等，更重要的是，让学生保持好奇心，养成终身学习的习惯。为了培养面向未来的人才，我们会发展一些特色研究领域，以创新驱动研究，引导学生积极参加国家和省市科研项目。

我们学校处于大湾区充满活力的环境中，具备独特的发展优势。学校鼓励学生批判性思考，辩证认识事物，勇于承担社会责任，所以我们的学生无论在学习还是在服务社会方面都很活跃。比如我们有个毕业生，读书时发动公益募捐，给贵州山区建起了一所小学；毕业后和同学一起在大湾区创业，探索办公和生活空间的变革，业务发展得很好。后来他进入了福布斯30岁以下精英榜、胡润30岁以下创业领袖榜。这让老师们很欣慰，说明我们的教育在大湾区结出了创新创业的果实。

记者：中外合作办学培养的学生，其核心竞争力体现在哪里？

汤涛：我一直相信，一所大学，科研很重要，创新很重要，但最重要、最核心的工作是教书育人。把上好课、做好培养学生的工作放在第一位，这才是大学教育的本质。学生不一定要赢在起跑线上，而应在德育、体育、心智、美育等方面均衡发展，这样走入社会后才具有更强的适应力和竞争力。

以我们学校来说，2021 届落实去向的毕业生中，选择出国出境升学的占 82%，全球百强名校输送率约 81%。在疫情持续影响全球的大环境下，这份毕业生“成绩单”来之不易。这说明学校的博雅教育是行之有效的，我们的学术质量得到了国际高等教育界认可，这离不开学校持之以恒的努力。我们的国际化师资队伍一直在帮助学生挖掘多方面的潜力，使他们既有扎实基础，又能多元发展，具备更强的可塑性。

得益于中外合作办学的特殊性，学生既有全球视野，又有家国情怀，看待事物更加全面；同时，学生有很积极的人生态度，敢于创新，敢于直面挑战。我观察到，中外合作办学的毕业生留学后绝大部分都会回国，为祖国各行各业发展贡献力量，这也体现了中外合作办学对于我国经济社会发展的重要作用。

记者：作为一名科学家、“院士校长”，您对学生有哪些期望？

汤涛：我在很多场合分享过我的求学历程。我常对学生说，好好利用大学时光，要立志、要坚持、要动脑、要耐得住寂寞。如果要从事科研，我有四点建议：第一，兴趣驱动。探索自己的兴趣，做有意义的事情，不要跟风，要保持原创性。第二，持之以恒。科研过程或许枯燥，唯有心无旁骛、持之以恒才能做出原创性成果。第三，开阔视野。需要沉下心来，脚踏实地求学工作，也需要有长远的目光和开阔的视野，为人生的渡轮导航。第四，家国情怀。要有社会责任感，为国家的繁荣发展作贡献，做时代的主人。

附
录
6

汤涛校长就职典礼演讲

2019 年 9 月 25 日，UIC 举办第二任校长就职典礼。受校董会主席许嘉璐委托，香港浸会大学校董会主席、UIC 校董陈镇仁博士代为主礼。在典礼上，陈镇仁博士宣布委任汤涛院士为 UIC 校长，并授予汤校长 UIC 印章。随后，汤涛校长发表中英文就职演讲。

尊敬的各位领导、各位嘉宾、各位老师、各位同学：

首先非常感谢各位在百忙之中，莅临北京师范大学 – 香港浸会大学联合国际学院（英文简称 UIC，中文简称北师港浸大）校长就职典礼。半年前，当同事们提出要举办这样一个就职典礼时，我第一个反应是拒绝，因为我这个人很不喜欢繁文缛节和形式主义。但之后仔细一想，北师港浸大举办这样一个仪式还是很必要的。因为这个学校办学 15 年，在座的珠海以外的来宾绝大部分应该没有来过，甚至没有听说过这个学校。我们现在处于一个重视包装和宣传的时代，利用这个机会让更多的领导、专家、朋友到北师港浸大参观指导，应该是一个难得的机会。

改革开放以来，人们的生活水平大幅度提高，中产以上的人群逐步加大，大家对考大学、上大学的理解和追求开始多元化起来。据教育部统计数据显示，

就职典礼现场。

近十年中国学生出国留学的人数总体上呈高速上升趋势，2018 年我国自费留学人数近 60 万人，很多家长都是花高昂的学费送子女远离家乡出国留学。为什么选择出国留学？回答肯定有很多种，比如出国留学是学习语言的最佳途径，留学生活会开阔视野、体验多元文化、锻炼独立思考能力，等等。可是，小小的年纪就要远离家园，要面对完全陌生的环境，面对不良风气可能的影响，这些肯定是家长担心的问题。

有没有可能让学生们不走出国门而拥有国际化的教育？有没有可能在中国大地上，有一个注重多元文化、全人教育的新型大学？北师港浸大就是这样的一个探索。

在这里，有来自很多国家不同背景的老师，他们让学生切身感受到国际化就在眼前；在这里，老师只要教学好、把学生培养好，即使没有研究基金、没有耀眼的学术光环，仍然可以拿到长聘，仍然可以得到晋升，仍然会得到重视。在这里，学生有系统的中英文训练，系统的演讲能力训练；在这里，学生可以通过国情国学加强对国家民族的认识，博采中西文化之长；在这里，学生有丰富多彩的兴趣社团，包括源远流长的中国武术、古琴、射箭、陶艺，以及交响乐团、演讲队、话剧社、舞蹈队；等等。在这里，学校特别重视独立分析能力、专业知识能力的培养。

汤涛校长就职演讲。

让学生充满自信地享受大学时光、全方位提高能力，这就是北师港浸大办学的初衷。

自 2003 年以来，国内陆续有了 9 家具有独立法人资格的中外合作或内地与香港合办的大学，成立于 2004 年的北师港浸大是 9 间学校里唯一一间以博雅教育为主的学校，一个 liberal arts college。在这里，学生不一定要赢在起跑线上，但我们注重学生的增值，希望他们在校期间语言、专业能力大幅度提高，德育、体育、心智方面均衡发展，走入社会后具有很强的适应力和竞争力。我们不追求一时之强盛，而是看重全方位的发展，看重学生们 20 年、30 年以后的成就。

什么是好的教育？不只是教导学生外在的知识，而是挖掘他们内在的潜能；不是告诉学生这是什么，或那是什么，而是教会他们如何思考，让他们自己去认知世界。德国著名的哲学家雅斯贝尔斯（Karl Jaspers）在《什么是教育》中写道：“教育的本质意味着一棵树摇动另一棵树，一朵云推动另一朵云，一个灵魂唤醒另一个灵魂。”用我们古人的话，叫“授之以鱼，不如授之以渔”。

在北师港浸大，我们希望让教育回归其本质。

15年前，北师港浸大校董会主席许嘉璐先生和创校校长吴清辉教授带着推动中国高等教育多元化的理想，在珠海这片美丽的土地上创建了第一所香港和内地联手的大学。2009年第一届有244名同学毕业，2012年首次超过1000名毕业生，今年毕业生首次超过1300名。在过去的11年里，北师港浸大为国家培养了一万多名毕业生。从广东省教育厅发布的《2018年高校毕业就业质量年度报告》有关数据获悉，学校连续3年位列广东本科境外升学和总升学榜第一。2018年出境深造毕业生占毕业生总人数68%，出境深造同学中60%被国际排名前一百的大学录取。我还很欣喜地看到，我们的学生不只就业和出国的比例高，大多数同学学成后都会回到祖国，其中很多人选择在大湾区工作，为国家、为大湾区的繁荣作出积极贡献。

在此我要感谢北师港浸大的创始人许嘉璐先生、吴清辉教授、钟秉林教授以及众多的办学前辈，向他们的远见卓识和无私奉献致敬。

接棒北师港浸大第二任校长，我感到荣幸，感谢校董会的信任。同时，我也感受到肩上的压力，感到诚惶诚恐。如何进一步落实全人教育的理念，如何让学校融入粤港澳大湾区建设的宏伟计划中，如何让学校在信息科技时代发挥作用，都是值得我和我的同仁们思考的课题。任重道远。我任职后的初步构想是：要进一步加强本科教育质量，进一步提升国际化水平；加强人才引进，发展若干个重要领域研究；加强和两所母体学校的实质性合作，争取三赢；扎根珠海、扎根广东，加强和各级政府的合作，为大湾区发展作出贡献。逐步把UIC建成一个有很高知名度的、独具特色的博雅大学。

最后，我要感谢我的母校北京大学，北大追求科学、包容并蓄的办学理念使我终身受益。我们这代北大数学人，有幸聆听过丁石孙、程民德、张恭庆、姜伯驹等名师的教诲，耳濡目染，受益终身，自当更加努力，不辜负母校的培养。

温哥华是我难忘的地方，那里有我的第一份工作。我申报院士时四项主要工作，两项是1993年与1995年在Simon Fraser大学完成的。我在那里结婚生子，我的两个儿子也是出生于温哥华。当初离开美丽的温哥华确实是一个非常困难的选择。

我人生最宝贵的年华贡献给了香港，从35岁到52岁，我的女儿也出生在香港。我见证了香港高等教育由突飞猛进到逐渐平缓的历史时期，非常有幸能参与浸会大学的发展。感谢香港浸会大学给我提供的平台，让我的学术研究水平得到了很大的提高。感谢吴清辉校长、陈新滋校长等前辈的提携，感谢数学系、理学院和浸会大学众多同事的支持和友谊。

感谢南方科技大学、感谢深圳给我提供了一个美好的平台。无论从学问、能力、工作激情，陈十一学长都让我心悦诚服，是我的榜样。和南科大同仁们合作的时光，是人生美好的记忆。我们共同把学校推向了一个新高度。同时深圳也是我的福地，我在那里获得了国家自然科学奖、当选为中科院院士、被邀请到国际数学家大会作报告。

我要再次感谢在座的各位朋友、各位领导、各位同仁对北师港浸大的支持！UIC的发展有赖于各位来宾的大力支持，有赖于各位同事的共同努力，有赖于各位家长、各位校友、各位同学的齐心协力。我也将尽最大的努力，不辜负大家的信任，带领北师港浸大更上一层楼。

让我们共同祝福北师港浸大拥有更加美好的明天！

附
录
7

珠迹 | UIC 近旁的骑行游记

珠海，南海之滨，比邻港澳，是粤港澳大湾区的重要城市。这是一座多次被评为最适宜居住的城市，空气质量多次被评为全国第一。这里也是一个办学的好地方，特别是 UIC 所在的会同、那洲古村。

骑行对我来说并不陌生，上中学和大学的时候，我曾是北京百万骑行者的一员。

20 世纪 70 年代末上高中时，我家住在北京西郊的深山里，上学在石景山模式口的北京市第九中学。我平时住校，往返有时会骑车。模式口是散布在北京周边的古朴村落之中的一个，背后承载着厚重的历史记忆——始于西周，曾是兵家必争之地；熟知于老舍，他老人家笔下的骆驼祥子就是从模式口走出来的。老舍在《骆驼祥子》中写道："磨石口（模式口）是个好地方，往东北可以回到西山；往南可以奔长辛店，或丰台；一直出口子往西也是条出路。"书中还有这样的桥段：刚买了辆新洋车的祥子，为了赚两块钱的车资，拉着客人去清华，结果连车带人被当兵的抓了，但是他紧接着从模式口逃离，还牵了三匹骆驼回来，"骆驼祥子"的外号由此而来。

和九中一路之隔有个法海寺，1952 年九中迁到模式口时，法海寺的一部分成为男生宿舍。学校非常重视文物保护，不准学生随意进入大殿。1956 年，郭沫若办事之余顺道参观法海寺，法海寺为他打开了大雄宝殿的殿门，这位著名文物专家一眼就看出了殿内壁画的价值，他认为，法海寺壁画是与敦煌石窟、芮城永乐宫壁画一样宝贵的艺术珍品，应该保护。一年后，法海寺被认定为第一批市级重点文物保护单位。我们作为“文革”后首批北京市重点中学的高中生，一入学就住校，部分学生一开始也在法海寺里面住宿。

进入 21 世纪后，这些沿途的稻田不见了，小树林不见了，自行车流不见了，取而代之的是一座座高楼、一条条马路和一辆接着一辆的汽车。前几年重走北大、厢红旗这条路，大有“沧海桑田、时过境迁”的感觉，青少年时代的感觉几乎荡然无存。据说青龙桥附近现在建了个北坞公园，里面还保留了一小片京西稻田，但这和当时 10 万亩的壮观景色不可同日而语了。

2019 年来到珠海的唐家湾加入北师港浸大（UIC）之后，我欣喜地发现学校旁边有几个村子：会同村、正坑村、柏叶林村、那洲村。穿梭于这几个村子，让我想起了模式口、青龙桥，看到了久违的稻田、鱼塘。当然，还看到了珠海四通八达的自行车道。

我们买了几辆自行车，常一起骑车的有我 UIC 的同事陈致、刘文斌两位教授。从学校出发，很快到达柏叶林村，骑行 10 分钟到那洲绿道，沿着河道骑行 5 分钟后，就有了分岔路口。一种选择是进山骑行十几分钟，在绿树成荫的山道呼吸新鲜空气；或者进到那洲村，在古村落的巷子里穿行，并顺便到菜市场买点新鲜水果。一般情况下，来回骑行需一个小时左右。这种骑行，以每年 10 月到来年 3 月间最佳。特别是冬季，这时的南国气候宜人，青山绿水，鸟语花香，和北国的萧煞形成鲜明对比。

一晃一年过去了。时间一久，我们觉得骑行路线有点旧了，就讨论开辟新路径。于是，我和刘文斌就琢磨着在一些没有整修的山道上骑一骑。这些路是土路，坑坑洼洼得很严重，好在山地车不怕这些。唯一的问题是路边杂树的枝叶伸到路上，给疾驰的骑者带来不便，甚至危险。于是，刘教授就买了一把刀，经常下车把这些小树枝修理一下，成为开路先锋。

之后一段时间，我们经常在这段崎岖不平的路上骑行，别有一番乐趣。

有道是，乐极生悲。2020年11月16日早上，阳光灿烂，照得人浑身暖洋洋的。我和刘教授沿着新"辟"的道路，骑到了山里面。空气好，景色好，我们下车拍照，心情超级愉快。此时，突然听到几声怒吼，我们回头一看，只见离我们10米远的地方有3条狗正在冲着我们狂叫，并堵住了我们的退路，显然对我们这两位不速之客非常不满。

当时我们脸都白了，用"魂飞魄散"形容也不为过。两分钟后反应过来，我们跳上车赶快往反方向逃跑，可是骑了20多米就傻眼了，前面是一排铁丝网！我跑过去看有没有能钻过人的缝隙，可是失望地发现可能性是零。完了，完了，被狗堵在这个荒郊野岭了！

这时充分感觉到绝望是什么了。如何离开这个是非之地？

镇静了一下，看来只有豁出去迎着狗冲过去了。为了壮胆，我在路边找了两根棍子，一根自己用，

作者冲出"狗围"后的胜利照以及脱离险境后刘教授的"剧照"。（摄于2020年12月）

一根给了刘教授。可是关键时候刘教授告诉我，他大学时才学会骑车，车技不行，不能单手骑车，更不能手举棍子。另外他特别怕狗，只能保持几米距离，躲在我后边见机行事！

完了！遇到这样一个“队友”，只好单枪匹马往上冲了。幸好我在北京车流里面锻炼过，自我感觉不错。于是，我壮了壮胆，一手扶把，一手高举棍子，大喊大叫地向狗群冲过去。幸运的是，狗怕人凶，看我冲过来，它们撤到一边叫唤去了。

有惊无险！但被吓了一下，歇了好几天没敢去冒险。常言道，好了伤疤忘了疼。过了一两周，我们忍不住又去探险了。好在一连几次平安无事，狗没有再出现，感觉又好起来了！

可是好景不长，狗群又出现了，又是狂吠，又是紧张对峙，又是持棍突围，当然还有跟在后边甘受保护的刘教授。虽然再次脱险，但是有些后怕的我们暂时停止了荒道探险。

2021年春节假期后，我们再次去土路骑车时，欣喜地发现这条路有人在修理了。一打听，我们所在的珠海高新区致力于打造会同那洲连片示范区，将会同市级样板村效应向那洲村辐射延伸，要打造会同－那洲绿道环线。

两次被狗围堵的小道开始修路了。高兴之余，留影纪念。（摄于2021年3月）

说到会同市级样板

村，这几年是珠海市乡村振兴建设的一张名片。2020 年 12 月，会同社区入选“广东十大美丽乡村”。这个社区下辖会同、柏叶林、正坑和燕子埔 4 个自然村，辖区总面积约 7.5 平方公里。其中的会同古村始建于清雍正十年（1732 年），是珠海保存最完好的近代村落，也是珠海近代史的活标本。它于凤凰山脚下依山而建，村前荷塘，背山面水。村中有两座闸门、三座祠堂建于清代，两座碉楼建于民国，都很有特色。

会同与周边的北京师范大学珠海校区、北京师范大学 – 香港浸会大学联合国际学院（UIC）、北京理工大学珠海学院三所高校融合发展形成“大学小镇”。2019 年 9 月，大学小镇——会同之旅美丽乡村精品线路获评“广东美丽乡村精品线路”。

听说这次高新区政府计划打造会同 – 那洲绿道环线建设，串联起两个社区。环线全程 10 公里，是原来全程 3 公里的绿道的延伸。

过了仅两三个月，我们就发现那洲河道铺砌了截水坝，骑车时可以听到潺潺流水声，雨水过后往往颇有小瀑布的气势。河上的小桥也做了装饰，沿途景观大为改善，还设了好几个打卡点，为喜欢照相的观光客提供了极大的便利。

2021 年 6 月，会同 – 那洲绿道环线完全建成了。这条 10 公里的环线，改变了以往那洲绿道行程比较单一的局面，沿路往会同社区的正坑、柏叶林方向延伸，串连起了那洲和会同两个社区的多个村庄，最终形成闭环状路线。

6 月初，我从北京参加完两院院士大会后回到珠海，接到了珠海高新区周火根副主任的邀请，他约我去新近竣工的会同 – 那洲绿道骑行。之前我们也曾约定过周末骑行，但由于两人都很忙，一直没有找到合适时间。周主任是会同 – 那洲绿道环线工程的主管领导，对新修的道路非常清楚。和他骑行，一定会有很大收获。这次就敲定在 6 月第一个周日早上了。

整修后的那洲河道。

我和刘教授之前只知道环道的部分路线。我们原先的路线是离开校园后，绕柏叶林村骑行，穿过栖霞仙馆，再骑到那洲绿道，进山之后再原路折回。

这次周主任开道。我们进了柏叶林村后，穿过巷子，惊飞一塘白鹭。从水塘开始，就看到了彩色的塑胶道，有骑行道，还有供跑步爱好者的跑道。

上了一个大坡，就骑到了曾经被狗堵截的地方了。只见杂草丛生的土路不复存在了，树枝也被修剪得整整齐齐，一派旧貌换新颜的样子。塑胶跑道很长，一直延伸到山里。

周主任带着我们沿着环路再往前行，穿过林区大氧吧，穿过可以钓鱼的大水塘，再沿着那洲河岸骑行，之后骑行在穿过农田的乡道上回到柏叶林村，5分钟后就返回到 UIC 校园。

这次骑行全程近一个小时。整个过程不用走回头路，看到的是不断变化的景色，不一样的风光。欣赏着沿途的水系、乡道、自然生态，让我从内心里感觉到这是乡村振兴的一个典范。

自那以后，只要有朋友到访，带着他们沿着绿道骑行就变成了一个重要节目。环游一圈，朋友们可以一路感受到环道沿途的美丽风光，青山与绿水尽收眼底，速度与激情交相融合。所谓岁月静好，人间美好，莫过如此！

“绿水青山就是金山银山”，会同－那洲社区自然环境短短几年的变化，使我们充分体会到绿水青山是人民幸福生活的重要内容。我们要感谢大自然的无私馈赠，也要尊重自然、顺应自然、保护自然，让绿水青山永驻在我们生活的土地上。

和周火根副主任沿会同－那洲环道骑行。（摄于 2021 年 6 月）

附录8

UIC 发展年鉴

2004 年 3 月 9 日，北京师范大学与香港浸会大学签订合作办学协议，设立 UIC。

2005 年 4 月 1 日，教育部批复同意设立北师港浸大；11 月 18 日，北师港浸大举行成立暨奠基典礼。

2008 年 4 月 23 日，中共中央政治局委员、广东省委书记汪洋莅临视察，对北师港浸大的创新教育给予高度肯定。

2009 年，北师港浸大开始在本科第一批次录取，同年诞生首届 244 名毕业生。

2013 年 4 月，北师港浸大实行招生改革，开始在广东省采用高考基础上的综合评价录取制度。

2014 年 6 月 20 日，珠海市人民政府与北师港浸大合作协议签约仪式举行，学校获会同 300 亩土地用于校园建设。

2016 年 6 月，北师港浸大获教育部批复，将正式开展研究生教育，招收研究型硕士生和博士生以及授课型硕士生。

2017 年 12 月 9 日，北师港浸大举行金同路校园启动仪式，成立研究生院等教学和研究机构。

2019年2月，创校校长吴清辉教授荣休，北师港浸大迎来第二任校长、中国科学院院士汤涛教授。

2020年3月，北师港浸大正式启用体育公园，师生新添户外运动场地。

2020年6月30日，珠海市人民政府和北师港浸大签署合作协议。学校再获市政府提供550亩办学用地，用于校园二期建设。

2020年10月，北师港浸大启动博雅讲坛等一系列活动，庆祝建校十五周年。

2021年5月23日，北师港浸大举行二期校园奠基仪式。

2022年5月20日，北师港浸大二期校园书院组团封顶。